Haupt

**Das deutsche Zeugnisrecht**

Andreas Haupt

# Das deutsche Zeugnisrecht

Kompaktwissen für die Praxis

Verlag Personal, Recht, Management Ltd.

**Bibliographische Information der deutschen Nationalbibliothek**
Die Deutsche Nationalbibliothek verzeichnet diese Publikation in der Deutschen Nationalbibliographie; detaillierte bibliographische Daten sind im Internet über http://dnb.d-nb.de abrufbar.


Niederlassung Deutschland: Lindlaustr. 2a, 53842 Troisdorf


Umschlagskonzeption: Verlag Personal, Recht, Management Ltd.
Titelbild: © www.fotolia.de
Satz: Verlag Personal, Recht, Management Ltd.
Druck: Books on Demand GmbH, Norderstedt
Printed in Germany, April 2009

ISBN 978-3-941388-05-5

# Inhaltsverzeichnis

# 1 Auf welchen gesetzlichen Regelungen beruht das Zeugnisrecht?

Für das berufliche Fortkommen des Arbeitnehmers ist es nahezu unerlässlich, Nachweise über frühere Tätigkeiten und Leistungen zu besitzen. Umgekehrt ist in einer Vielzahl der Fälle das Zeugnis für den Arbeitgeber der einzig mögliche Anhaltspunkt, um sich vom Bewerber ein Bild machen und zumindest eine Vorauswahl treffen zu können.

Dem Zeugnis kommt daher in zweierlei Hinsicht entscheidende Bedeutung zu, nämlich

- einerseits für das berufliche Fortkommen des Arbeitnehmers,
- andererseits zur Unterrichtung eines neuen Arbeitgebers.

Der Zeugnisanspruch ist mit Wirkung ab 01.01.2003 für alle Arbeitnehmer **einheitlich** in § 109 GewO geregelt. Diese Vorschrift legt nunmehr auch gesetzlich die inhaltlichen **Mindestanforderungen** an ein ordnungsgemäßes Zeugnis fest. Zeitgleich ist die bis zum 31.12.2002 für die kaufmännischen Angestellten geltende Regelung des § 73 HGB aufgehoben worden. Die Vorschrift des § 630 BGB, die bislang ausschließlich die Regelungen für die Arbeitnehmer außerhalb des Anwendungsbereichs von HGB und GewO enthielt, ist dahingehend **ergänzt** worden, dass, wenn der Dienstverpflichtete ein Arbeitnehmer ist, die Regelungen des § 109 GewO anzuwenden sind. Für das **Arbeitsrecht** hat die Regelung des § 630 BGB damit ihre **Bedeutung verloren**. Da sich aus der Neuregelung des § 109 GewO aber **keine inhaltlichen Änderungen** ergeben haben, kommt die bisherige Rechtsprechung und Literatur zum Zeugnisrecht **weiterhin uneingeschränkt** zur Anwendung.

Für die **Auszubildenden** ist der Zeugnisanspruch weiterhin in § 16 BBiG gesondert geregelt, da für das Berufsausbildungsverhältnis zwar die arbeitsrechtlichen Vorschriften gelten, dieses jedoch durch seinen besonderen Charakter im Rahmen einer Berufsausbildung und Erziehung geprägt wird und daher **kein Arbeitsverhältnis** im engeren Sinne ist.

# 2 Welche Beschäftigten haben Anspruch auf ein Zeugnis und wer muss dieses dann erteilen?

## 2.1 Anspruchsberechtigte Personen

Grundsätzlich hat **jeder Arbeitnehmer** einen Rechtsanspruch auf Erteilung eines Zeugnisses. Einen allgemein festgeschriebenen Arbeitnehmerbegriff gibt es nicht. Nach der überwiegenden Ansicht in Rechtsprechung und Literatur fallen unter diesen Begriff »all diejenigen Personen,

- die aufgrund eines **privatrechtlichen Vertrages** oder eines gleichgestellten Rechtsverhältnisses,
- **im Dienste eines anderen** zur Verrichtung von Arbeit verpflichtet sind und dabei
- zum Arbeitgeber in einem **persönlichen Abhängigkeitsverhältnis** stehen«.

**Unerheblich** ist, ob es sich bei dem Arbeitsverhältnis um

- eine **Voll- oder Teilzeitbeschäftigung**,
- eine **Haupt- oder Nebentätigkeit**,
- ein **Probe- oder Praktikantenarbeitsverhältnis** handelt.

**Im Zweifel** ist zunächst davon auszugehen, dass ein in einem Betrieb Beschäftigter, der hinsichtlich Zeit, Dauer und Ort der Ausführung seiner Tätigkeit den unmittelbaren Weisungen des Arbeitgebers unterworfen ist, **auch Arbeitnehmer im arbeitsrechtlichen Sinn** ist und damit einen Zeugnisanspruch hat. Daneben sind auch die in **Heimarbeit** Beschäftigten Arbeitnehmer. Gleiches gilt für die **Leiharbeitnehmer**. Diese bleiben allerdings auch während der Arbeit beim Entleiher **Arbeitnehmer des Verleihers**, so dass sich ihr Zeugnisanspruch ausschließlich gegen diesen richtet. **Leitende Angestellte** sind trotz ihrer funktionell arbeitgeberähnlichen Stellung Arbeitnehmer mit dem sich aus § 109 GewO ergebenden Zeugnisanspruch. Denn diese sind – anders als nach der Betriebsverfassung (§ 5 Abs. 3 BetrVG) – im Zeugnisrecht nicht ausgenommen *(LAG Hamm 12.07.1994 LAGE § 630 BGB Nr. 27)*.

## 2.2 Anspruchsverpflichteter

Das Zeugnis kann vom Arbeitgeber selbst oder durch einen von ihm beauftragten Bearbeiter (bspw. dem Personalleiter) ausgestellt werden.

Ein für die Zeugniserteilung beauftragter Arbeitnehmer muss in jedem Fall **»ranghöher«** sein als der Arbeitnehmer, für den das Zeugnis ausgestellt wird (*BAG 26.06.2001, EzA § 630 BGB Nr. 24*). Es muss deshalb von einer Person unterzeichnet werden, die aus der Sicht eines **Dritten** geeignet ist, die Verantwortung für die Beurteilung des Arbeitnehmers zu übernehmen. Das gilt insbesondere hinsichtlich der **fachlichen** Beurteilung. Wird das Zeugnis nicht vom Arbeitgeber selbst, seinem gesetzlichen Vertretungsorgan oder im öffentlichen Dienst vom Dienststellenleiter oder seinem Vertreter unterzeichnet, ist das Zeugnis zumindest von einem **ranghöheren Vorgesetzten** zu unterschreiben. Diese Stellung muss sich aus dem Zeugnis **ablesen** lassen. Betrifft das Zeugnis den wissenschaftlichen Mitarbeiter einer Forschungsanstalt des Bundes, ist das Zeugnis deshalb regelmäßig von einem ihm vorgesetzten **Wissenschaftler** (mit) zu unterzeichnen *(BAG 04.10.2005, EzA § 109 GewO Nr. 5)*.

Der für den Arbeitgeber tätig werdende Vertreter muss schließlich bei diesem beschäftigt sein. Unzulässig ist bspw. die Ausstellung eines Zeugnisses durch einen mit der Interessenwahrnehmung des Arbeitgebers beauftragten Rechtsanwalt (*LAG Hamm 02.11.1966, DB 1966, 1815*).

Der Arbeitgeber darf die Unterschriftsbefugnis nicht beliebig delegieren. Es muss sich aus dem Zeugnis ergeben, dass der Aussteller in der Lage ist, die Leistungen des Arbeitnehmers zu beurteilen (*BAG 04.10.2005 a. a. O.)*.

## 2.3 Geltendmachung des Zeugnisanspruchs

Die Pflicht des Arbeitgebers zur Zeugniserteilung besteht nur, wenn der Arbeitnehmer einen entsprechenden **Anspruch geltend macht**. Dies gilt insbesondere für das sog. »qualifizierte« Zeugnis, das nach § 109 Abs. 1 Satz 3 GewO (ebenso § 630 Satz 2 BGB) nur »auf Verlangen« auszustellen ist. Erst von diesem Zeitpunkt an ist auch eine Haftung des Arbeitgebers wegen verspäteter Zeugniserteilung möglich.

Etwas anderes gilt nach Beendigung eines **Berufsausbildungsverhältnisses**. Im Anschluss hat der Ausbildende nach § 16 Abs. 1 Satz 1 BBiG dem Auszubildenden **auch ohne dessen ausdrückliches Verlangen** ein Zeugnis auszustellen.

Für die Geltendmachung ist gesetzlich keine Form einzuhalten. Allerdings kann zur Wahrung von Ausschlussfristen ein **tarifvertragliches Schriftformerfordernis** oder die **gerichtliche Geltendmachung** des Anspruchs vorgeschrieben sein. Die Erhebung einer Kündigungsschutzklage allein erfüllt in diesem Fall noch nicht das Formerfordernis und wahrt damit ebenfalls nicht eine mögliche Ausschlussfrist.

Auch ohne Formvorschrift empfiehlt sich schon aus Beweisgründen stets die schriftliche Geltendmachung des Anspruchs auf Zeugniserteilung.

## 2.4 Abholung des Zeugnisses durch den Arbeitnehmer

Die Zeugnisschuld ist eine **Holschuld**, d.h. der Arbeitgeber muss das Zeugnis am Ort seiner gewerblichen Niederlassung zur Abholung bereithalten (*BAG 08.03.1995, EzA § 630 BGB Nr. 19*). Nur ausnahmsweise kann der Arbeitgeber aufgrund nachwirkender Fürsorgepflicht gehalten sein, das Zeugnis zu übersenden.

Der Arbeitgeber darf die **Zeugniserteilung nicht wegen noch bestehender Ansprüche gegen den Arbeitnehmer** (bspw. einen Schadensersatzanspruch) **verweigern.**

## 2.5 Sonderfälle

- **Arbeits- und Entgeltbescheinigungen**

In der Praxis werden häufig Arbeits- und Entgeltbescheinigungen ausgefüllt, damit der Arbeitnehmer mit ihnen den Nachweis bestimmter Tätigkeiten bzw. Einkommen führen kann. Diese Bescheinigungen sind **keine »Zeugnisse« im arbeitsrechtlichen Sinne**. Der Arbeitgeber ist zur Ausstellung solcher Bestätigungen aufgrund seiner Fürsorgepflicht gegenüber dem Arbeitnehmer verpflichtet.

- **Arbeitsbescheinigung nach § 312 SGB III**

Der Arbeitgeber hat gegenüber der Bundesanstalt für Arbeit eine **öffentlich-rechtliche Pflicht zur Ausstellung der Arbeitsbescheinigung nach § 312 SGB III**. Der Arbeitnehmer benötigt die Bescheinigung zur Darlegung der Tatsachen, die für den Bezug von Arbeitslosengeld von Bedeutung sind. Auch diese Bescheinigung lässt den Zeugnisanspruch des Arbeitnehmers unberührt, selbst wenn hier Art und Dauer der Tätigkeit bescheinigt werden müssen.

- **Betriebsübergang**

Im Falle des **Betriebsübergangs nach § 613 a BGB** tritt der Erwerber in die Rechte und Pflichten aus den im Zeitpunkt des Übergangs bestehenden Arbeitsverhältnissen ein. Der Zeugnisanspruch richtet sich ab diesem Zeitpunkt gegen den neuen Arbeitgeber. Kann dieser nicht aufgrund eigener Anschauung die Leistungen des Arbeitnehmers beurteilen, muss er sich ggf. beim bisherigen Arbeitgeber erkundigen.

Akzeptiert ein Arbeitnehmer nach einem Betriebsübergang in einem **Zwischenzeugnis** des **Betriebsveräußerers** die Formulierung »zu unserer vollen Zufriedenheit«, mithin die Bescheinigung »befriedigender« Leistungen, und verlangt er eineinhalb Jahre nach dem Betriebsübergang bei Beendigung des Arbeitsverhältnisses mit dem **Betriebserwerber** ein Zeugnis mit der Leistungsbewertung »stets zu unserer vollen Zufriedenheit«, also »gute« Leistungen, so muss der **Arbeitnehmer** im Einzelnen darlegen, in welchen Bereichen und auf welche Weise sich seine Leistungen gegenüber den im Zwischenzeugnis bescheinigten verbessert haben. Eine erneute – bessere – Bewertung der Leistungen vom Betriebsveräußerer kann vom Betriebsübernehmer **nicht** verlangt werden (*LAG Bremen 09.11.2000, FA 6/2001, S. 187.*

- **Insolvenz des Arbeitgebers**

Bei **Insolvenz des Arbeitgebers** sind die folgenden Besonderheiten zu beachten:

- auch bei Insolvenz bleibt die Verpflichtung des Arbeitgebers (dann sog. »Gemeinschuldner«) zur Zeugniserteilung für die Arbeitsverhältnisse bestehen, die den Insolvenzeintritt nicht überdauert haben. Diese Verpflichtung trifft nicht einen vorläufigen Insolvenzverwalter, auf den die Verwaltungs- und Verfügungsbefugnis weder gem. § 22 Abs. 1 InsO noch aufgrund einer Einzelermächtigung gem. § 22 Abs. 2 InsO in Bezug auf die Arbeitsverhältnisse übergegangen ist *(BAG 23.06.2004, EzA § 109 GewO Nr. 2)*. Ist ein Arbeitnehmer noch vor Insolvenzeröffnung aus dem Arbeitsverhältnis ausgeschieden und hat Klage auf Erteilung eines Zeugnisses erhoben, wird dieser Rechtsstreit nach Insolvenzeröffnung gegen den Gemeinschuldner fortgesetzt.
- ist der Arbeitnehmer erst nach Insolvenzeröffnung aus dem Arbeitsverhältnis ausgeschieden, hat der **Insolvenzverwalter den Zeugnisanspruch zu erfüllen**, und zwar unabhängig davon, wie lange das Arbeitsverhältnis nach Insolvenzeröffnung noch fortgeführt worden ist (*BAG 30.01.1991, EzA § 630 BGB Nr. 13*). Auch in diesem Fall ist der Insolvenzverwalter als neuer Arbeitgeber gehalten, sich ggf. beim bisherigen Arbeitgeber kundig zu machen. **Zur Erfüllung dieser Verpflichtung hat der Insolvenzverwalter einen Auskunftsanspruch nach § 97 InsO gegenüber dem Schuldner** (*BAG 23.06.2004, a.a.O.)*.

- **Referenzzeugnis**
  Geben Vorgesetzte über Arbeitnehmer im eigenen Namen ein sog. **»Referenzzeugnis«** ab, also ein Empfehlungsschreiben auf persönlicher Ebene, so ändert dies nichts am **arbeitsvertraglichen Zeugnisanspruch** des Arbeitnehmers.

# 3 Wann muss ein Zeugnis erteilt werden?

## 3.1 Entstehung des Zeugnisanspruchs allgemein

Der Anspruch auf Zeugniserteilung entsteht nach dem Gesetzeswortlaut (§ 109 GewO, § 630 BGB, § 16 BBiG) »bei Beendigung« des Arbeits- oder Ausbildungsverhältnisses. Demzufolge entsteht der Anspruch **nicht erst bei rechtlicher**, sondern bereits bei **tatsächlicher Beendigung** des Arbeitsverhältnisses. Dafür spricht neben dem Gesetzeswortlaut, der den Zeugnisanspruch »bei« und nicht »nach« Beendigung des Arbeitsverhältnisses gewährt, auch die Überlegung, dass den Interessen des Arbeitnehmers sonst nur unvollkommen Rechnung getragen würde. Dieser benötigt das Zeugnis für Bewerbungszwecke bereits **vor** der rechtlichen Beendigung des Arbeitsverhältnisses, die zudem bei längeren Kündigungsfristen und Kündigungsschutzprozessen von der tatsächlichen erheblich **abweichen** kann.

## 3.2 Kündigung

Die tatsächliche Beendigung des Arbeitsverhältnisses tritt im **Fall der Kündigung grundsätzlich mit deren Zugang** beim Kündigungsempfänger (Arbeitgeber oder Arbeitnehmer) ein. Ab diesem Zeitpunkt muss der Arbeitgeber einem Zeugnisverlangen des Arbeitnehmers unverzüglich nachkommen, d.h. ohne schuldhaftes Zögern.. Dies gilt unabhängig davon, ob es sich um eine ordentliche (befristete) oder außerordentliche (fristlose) Kündigung handelt. Auch im Fall des Vertragsbruches steht dem Arbeitnehmer ein Zeugnisanspruch zu.

<u>Beispiel</u>:

Der Arbeitgeber kündigt dem Arbeitnehmer ordentlich zum 30.06.2009. Hiergegen wehrt sich der Arbeitnehmer mit einer fristgemäß erhobenen Kündigungsschutzklage und verlangt gleichzeitig die Erteilung eines qualifizierten Zeugnisses. Bis zum Ablauf der Kündigungsfrist soll der Arbeitnehmer weiter im Betrieb arbeiten.

In diesem Fall muss der Arbeitgeber dem Verlangen des Arbeitnehmers auf Erteilung eines qualifizierten Zeugnisses ohne schuldhaftes Zögern nachkommen, selbst wenn dieser noch bis zum Ablauf der Kündigungsfrist im Betrieb weiterarbeitet.

Das Zeugnisverlangen bringt im Übrigen kein Einverständnis des Arbeitnehmers mit der Kündigung zum Ausdruck.

## 3.3 Vorläufiges Zeugnis und Endzeugnis

In welchen Fällen der Arbeitgeber berechtigt ist, dem Zeugnisverlangen des Arbeitnehmers zunächst mit einem **»vorläufigen Zeugnis«** nachzukommen, ist nicht abschließend geklärt.

Ein Bedürfnis hierfür kann immer dann entstehen, wenn sich – wie im Fall der Weiterbeschäftigung des Arbeitnehmers **während einer längeren Kündigungsfrist** bzw. **während der Dauer eines Kündigungsschutzprozesses** – die für das Zeugnis maßgeblichen Umstände bis zu dessen endgültigem Ausscheiden noch entscheidend ändern können.

Um der Gefahr einer falschen Gesamtbeurteilung entgegenzuwirken, wird man dem Arbeitgeber die Möglichkeit einräumen müssen, dem Arbeitnehmer zunächst ein »vorläufiges« Zeugnis zu erteilen. Erst bei Ausscheiden des Arbeitnehmers wird dann dem Arbeitnehmer ein »endgültiges« Zeugnis ausgestellt. Der Arbeitgeber ist dabei selbstverständlich nicht verpflichtet, die im »vorläufigen Zeugnis« verwendeten Formulierungen auch ins Endzeugnis zu übernehmen.

Zu berücksichtigen ist aber die **inhaltliche Bindungswirkung** eines vorläufigen Zeugnisses.

<u>Beispiel</u>:

Sachverhalt wie im Fall oben.

Liegt hier zwischen der Kündigungserklärung und dem Ablauf der ordentlichen Kündigungsfrist eine erhebliche Zeitspanne (bspw. 9 Monate), kann der Arbeitgeber dem Zeugnisverlangen des Arbeitnehmers zunächst mit einem »vorläufigen« Zeugnis nachkommen und ein endgültiges Zeugnis nach Ablauf der Kündigungsfrist ausstellen.

**Unabhängig von einem Kündigungsschutzprozess** hat ein gekündigter Arbeitnehmer **spätestens mit Ablauf der Kündigungsfrist** oder bei seinem **tatsächlichen Ausscheiden aus dem Betrieb Anspruch auf ein qualifiziertes Endzeugnis** und nicht nur auf **ein vorläufiges Zeugnis** (*BAG 27.02.1987, EzA § 630 BGB Nr. 11*).

## 3.4 Befristete und auflösend bedingte Arbeitsverhältnisse

Bei **befristeten und auflösend bedingten Arbeitsverhältnissen**, die ohne Kündigungsfrist auslaufen, entsteht der Zeugnisanspruch nach überwiegender Ansicht eine **angemessene Zeit vor der Beendigung** des Beschäftigungsverhältnisses (Faustformel: 2-3 Monate vorher).

## 3.5 Aufhebungsvertrag

Auch nach dem Abschluss eines **Aufhebungsvertrages** besteht ein Zeugnisanspruch. Hier kann der Arbeitnehmer die Erteilung des Zeugnisses regelmäßig **ab dem Zeitpunkt des Vertragsschlusses fordern**.

## 3.6 Zwischenzeugnis

Nicht abschließend geklärt ist die Frage, ob der Arbeitnehmer unter bestimmten Voraussetzungen auch **im ungekündigten Arbeitsverhältnis** einen Anspruch auf Erteilung eines sog. **»Zwischenzeugnisses«** hat (obwohl auch in der Rechtsprechung die Begriffe »Zwischenzeugnis« und »vorläufiges Zeugnis« oftmals gleichgesetzt werden, sollte hier deutlich unterschieden werden zwischen einem »Zwischenzeugnis«, das **während** des Arbeitsverhältnisses erteilt wird, und dem »vorläufigen Zeugnis«, dem wie beim Endzeugnis die **Kündigung** des Arbeitsverhältnisses vorausgeht).

Eine entsprechende Gesetzesvorschrift, die einen solchen Anspruch normiert, ist nicht vorhanden. Allerdings gibt es oftmals tarifvertragliche Regelungen, die dem Arbeitnehmer den Anspruch auf Erteilung eines Zeugnisses während des bestehenden Arbeitsverhältnisses bei **Vorliegen von »triftigen Gründen«** gewähren (bspw. § 35 Abs. 2 TVöD, vormals § 61 Abs. 2 BAT).

Als Beispiele für einen »triftigen Grund« kommen danach in Betracht:

- Inaussichtstellen der Kündigung durch den Arbeitgeber;
- der Wunsch des Arbeitnehmers eine Fach- oder Hochschule zu
- besuchen bzw. sonstige Weiterbildungsangebote zu nutzen, für welche die Vorlage eines Zeugnisses Zulassungsvoraussetzung ist;
- die Versetzung von einem Konzernunternehmen ins andere;
- wesentliche Änderungen im Unternehmensgefüge, insbesondere Ausscheiden von dem Arbeitnehmer vorgesetzten Führungskräften, Verkauf des Unternehmens und Inhaberwechsel.
- **Ausscheiden eines Vorgesetzten**, dem der Angestellte über mehrere Jahre unmittelbar fachlich unterstellt war (*BAG 01.10.1998, EzA § 630 BGB Nr. 21*).

Nach Auffassung des BAG (*BAG 21.01.1993, EzA § 630 BGB Nr. 18*) ist ein Grund im Allgemeinen dann als »triftig« anzusehen, wenn dieser bei verständiger Betrachtungsweise den Wunsch des Arbeitnehmers nach Erteilung eines Zwischenzeugnisses als berechtigt erscheinen lässt. Dies soll dann der Fall sein, wenn das Zwischenzeugnis geeignet ist, den mit ihm angestrebten Erfolg zu fördern. Insoweit ist nach Meinung des BAG bei der Auslegung des Begriffs des »triftigen Grundes« nicht »kleinlich« vorzugehen.

Zu berücksichtigen ist daneben, dass der Arbeitnehmer seinen Arbeitsplatz grundsätzlich frei wählen kann. Dieses Recht würde nur unvollkommen gewährt, wenn der Anspruch des Arbeitnehmers auf Erteilung eines Zwischenzeugnisses vom Vorliegen eines im Einzelnen nicht näher definierten »triftigen Grundes« abhängig gemacht werden soll.

Außer in den genannten Fällen, in denen weitgehende Einigkeit besteht, sollte daher jedem Arbeitnehmer bis zur Grenze des Missbrauchs ein Anspruch auch auf Erteilung eines Zwischenzeugnisses zugebilligt werden. Auch für den Arbeitgeber kann die regelmäßige »Zwischenbeurteilung« eines Arbeitnehmers im Hinblick auf das später zu erteilende Endzeugnis durchaus von Vorteil sein.

Hat ein Arbeitgeber ein Zwischenzeugnis ausgestellt, so unterliegt er – wie auch beim vorläufigen Zeugnis – **keiner formalen Bindung** im Hinblick auf die **Formulierungen** im Endzeugnis (*LAG Düsseldorf 02.07.1976, DB 1976, 2310*).

Nicht zu verkennen und von viel größerer Tragweite ist aber, dass das Zwischenzeugnis **inhaltlich** eine nicht unerhebliche Bindungswirkung auslösen kann. Dies gilt jedenfalls dann, wenn sich die **Beurteilungsgrundlagen** seit der Erteilung des Zwischenzeugnisses **nicht oder nicht wesentlich geändert** haben.

Selbst wenn nach Erteilung des Zwischenzeugnisses negative Vorfälle eingetreten sind, muss der Arbeitgeber die Bedeutung des **Gesamtbildes**, welches ein Zeugnis vermitteln soll, ausreichend berücksichtigen. Hier gilt der Grundsatz, dass **einmalige Vorfälle** – positiver oder negativer Art – bei der Gesamtbeurteilung unberücksichtigt bleiben müssen. Inhaltliche Abweichungen zum Nachteil des Arbeitnehmers im Endzeugnis können demzufolge nur dann gerechtfertigt sein, wenn die während der Zeit bis zur Erteilung des Endzeugnisses aufgetretenen Vorkommnisse nach Auffassung des **Arbeitgebers für das Gesamtbild prägend** waren.

Akzeptiert ein Arbeitnehmer nach einem Betriebsübergang in einem **Zwischenzeugnis** des **Betriebsveräußerers** die Bescheinigung einer »befriedigenden« Leistungen, und verlangt er eineinhalb Jahre nach dem Betriebsübergang bei Beendigung des Arbeitsverhältnisses mit dem **Betriebserwerber** ein Zeugnis mit einer »guten« Leistungsbewertung, so muss der **Arbeitnehmer** im Einzelnen darlegen, in welchen Bereichen und auf welche Weise sich seine Leistungen gegenüber den im Zwischenzeugnis bescheinigten verbessert haben. Eine erneute – bessere – Bewertung der Leistungen beim Betriebsveräußerer kann vom Betriebsübernehmer **nicht** verlangt werden (*LAG Bremen 09.11.2000, FA 6/2001, S. 187.*

Hat der Arbeitnehmer auf sein Verlangen bereits ein Endzeugnis erhalten, kann er nicht zusätzlich noch ein Zwischenzeugnis beanspruchen. Denn das Zwischenzeugnis ist dem Endzeugnis gegenüber subsidiär, so dass es an dem erforderlichen trifftigen Grund fehlt *(LAG Hamm 13.02.2007 NZA-RR 2007, 486)*

Im Übrigen gelten für das Zwischenzeugnis die gleichen Grundsätze wie für die Erteilung eines Endzeugnisses.

# 4 Was für Formvorschriften sind bei der Ausstellung des Zeugnisses zu beachten?

Das Arbeitszeugnis ist **schriftlich** zu erteilen. Bei dem heutigen Stand der Technik kann **üblicherweise** verlangt werden, dass das Zeugnis **maschinenschriftlich** bzw. einem gängigen Textverarbeitungsprogramm erstellt wird. Keinesfalls ausreichend ist die handschriftliche Abfassung des Zeugnisses mit Bleistift, da Änderungen durch Radierung möglich sind.

Seit der Änderung des § 126 Abs. 3 BGB durch das »Gesetz zur Anpassung der Formvorschriften des Privatrechts und anderer Vorschriften« vom 03.07.2001 (BGBl. I, S. 1542 ff.) ist es möglich, die Schriftform durch die **elektronische Form** zu ersetzen (vgl. § 126 a BGB), wenn sich aus dem Gesetz nicht etwas anderes ergibt. Sowohl die Regelung des § 109 Abs. 3 GewO als auch die des § 630 Satz 3 BGB **schließen** die Erteilung in elektronischer Form (bspw. per E-Mail) **aber aus**.

Dass ein Zeugnis wegen des Postversandes **zweimal geknickt** ist, stellt **keinen** formalen Mangel dar (*BAG 21.09.1999, EzA § 630 BGB Nr. 22*).

Es darf keine nachträglichen **Verbesserungen** enthalten. In einem solchen Fall ist das Zeugnis neu zu schreiben. Enthält das Zeugnis **Schreibfehler**, so hat der Arbeitnehmer zumindest dann einen Anspruch auf Ausstellung eines neuen, fehlerfreien Zeugnisses, wenn dieses negative Folgen für ihn haben könnte (*ArbG Düsseldorf 19.12.1984, NJW 1986, 1281*).

Das Zeugnis muss mit einem **ordnungsgemäßen Briefkopf** ausgestaltet sein, aus dem **Name und Anschrift des Ausstellers** erkennbar sind. Dabei ist es grundsätzlich nicht zu beanstanden, wenn der Briefkopf mit Schreibmaschine oder Personalcomputer selbst gestaltet wird. Werden jedoch im Geschäftszweig des Arbeitgebers für schriftliche Äußerungen **üblicherweise Firmenbögen** verwendet und benutzt auch der Arbeitgeber solches Geschäftspapier, muss er auch das Zeugnis auf einem solchen Bogen erteilen (*BAG 03.03.1993, EzA 630 BGB Nr. 17*).

Auch technisch einwandfreie Kopien von Zeugnisurkunden sind als Originalurkunden anzusehen, wenn die Kopie mit einer Original-Unterschrift des Arbeitgebers versehen ist (*LAG Bremen 23.06.1989, LAGE 630 BGB Nr. 6*).

Die **Person des Arbeitnehmers** ist mit Vorname, Nachname, Beruf und ggf. akademischem Grad und öffentlich-rechtlichem Titel genau zu bezeichnen. Ist dem Absolventen einer Fachhochschule der Titel »Diplom-

Ingenieur, Dipl. Ing.« verliehen worden, ist die Hinzufügung des Zusatzes »FH« unzulässig.

Darüber hinausgehende Angaben wie Geburtsdatum, Geburtsort und Anschrift des Arbeitnehmers sollten – jedenfalls dann, wenn auch ohne diese Angaben eine zweifelsfreie Identifizierung der Person möglich ist – nur auf dessen Wunsch hinzugefügt werden.

Männliche Arbeitnehmer sind im Zeugnis mit »Herr« anzusprechen. Weibliche Arbeitnehmer haben die Wahl, ob sie mit »Frau« oder »Fräulein« tituliert werden möchten.

Die im Zeugnis gebrauchten **Formulierungen** müssen klar und verständlich sein. Die Textsprache ist deutsch, auch bei der Abfassung des Zeugnisses für einen ausländischen Arbeitnehmer.

Der Arbeitgeber darf ein Arbeitszeugnis nicht mit **Geheimzeichen** oder ähnlichen Merkmalen (Verwendung bestimmter Zeichen, Stempel, einer bestimmten Wortwahl oder Benutzung eines bestimmten Papiers) versehen, die den Zeugnisempfänger in einer aus dem Wortlaut des Zeugnisses nicht ersichtlichen Weise kennzeichnen. Diese bereits in der Vergangenheit in § 113 Abs. 3 GewO a.F. explizit nur für die gewerblichen Arbeitnehmer normierten Regelungen, die jedoch stets als allgemein gültige Grundsätze des Zeugnisrechts angesehen wurden, sind nunmehr in **§ 109 Abs. 2 GewO n.F. verankert**. Ebenso wenig dürfen Worte durch **Unterstreichungen** oder **Anführungszeichen** hervorgehoben werden. Unzulässig ist auch die Verwendung von **Ausrufungs- oder Fragezeichen**.

Wesentlicher Bestandteil des Zeugnisses ist das **Datum der Ausstellung**. Dies ist grundsätzlich das Datum des Ausstellungstages, nicht das des tatsächlichen oder rechtlichen Endes des Arbeitsverhältnisses.

Lange Zeit fehlte es an einer abschließenden Stellungnahme des BAG zu der Frage, welches Datum ein Zeugnis zu tragen hat, das vom Arbeitgeber **nachträglich berichtigt** worden ist.

Schon zuvor vertrat die überwiegende Meinung in der arbeitsrechtlichen Literatur und der instanzgerichtlichen Rechtsprechung die Auffassung, dass das berichtigte Zeugnis das **Datum des ursprünglich und erstmals erteilten Zeugnisses** behält. Dies unabhängig davon, ob der Arbeitgeber von sich aus die Berichtigung vorgenommen hat, er dazu gerichtlich verurteilt oder durch Prozessvergleich angehalten worden ist.

Mit der Entscheidung vom 23.09.1992 *(EzA § 630 BGB Nr. 16)* hat das BAG diesen lange schwelenden Streit weitgehend entschärft und darauf erkannt, dass ein vom Arbeitgeber berichtigtes Zeugnis jedenfalls dann auf das **ursprüngliche Ausstellungsdatum zurückzudatieren** ist, wenn die verspätete Ausstellung **nicht vom Arbeitnehmer zu vertreten ist.**

Dies ist nach der Entscheidung regelmäßig dann der Fall, wenn der Arbeitgeber seiner Zeugniserteilungspflicht zunächst nicht korrekt nachkommt und der Arbeitnehmer erfolgreich einen Zeugnisberichtigungsanspruch geltend machen kann.

In diesem Zusammenhang teilt das BAG die Auffassung, dass das Ausstellungsdatum in einem berichtigten Zeugnis den Arbeitnehmer in seinem beruflich Fortkommen hindern könne, da aus der Zeitdifferenz zwischen dem Ausscheiden aus dem Arbeitsverhältnis und dem Zeugnisdatum ersichtlich sei, dass eine Auseinandersetzung über das ursprüngliche Zeugnis stattgefunden habe.

Offen gelassen hat das BAG die Frage, ob auch ein Arbeitnehmer, der erst einige Zeit nach seinem Ausscheiden **erstmalig ein Zeugnis verlangt**, wegen der u.U. drohenden Nachteile ebenfalls eine Rückdatierung auf den Tag der Beendigung verlangen kann (wohl zu Recht verneinend insoweit *LAG Bremen 23.06.1989, LAGE 630 BGB Nr. 6*).

Das Zeugnis ist **handschriftlich am Ende zu unterzeichnen**. Eine vom Arbeitgeber im Arbeitszeugnis verwendete **überdimensionierte,** im Wesentlichen aus bloßen Auf- und Abwärtslinien bestehende Unterschrift ist **nicht ordnungsgemäß**, wenn dadurch der **Verdacht** aufkommen kann, der Arbeitgeber wolle sich von dem Zeugnisinhalt, zu dessen Aufnahme in das Zeugnis er durch rechtskräftiges Urteil verpflichtet worden ist, distanzieren *(LAG Nürnberg 03.08.2005, NZA-RR 2006, 13).*

Der Arbeitnehmer hat keinen Anspruch darauf, dass sein Zeugnis vom Arbeitgeber persönlich unterschrieben wird (*LAG Frankfurt a.M. 30.06.1992, ARSt 1993, 140*). Allein entscheidend ist auch hier die Stellung des Unterzeichners, die ranghöher sein muss als die des Arbeitnehmers, sowie dessen Vollmacht zur Abgabe verbindlicher Erklärungen für den Arbeitgeber.

## 4.1 Welchen Inhalt muss ein Zeugnis haben und wie ist dieser zu formulieren?

Inhaltlich unterscheidet das Gesetz zwischen zwei Arten von Zeugnissen:

- dem **einfachen** und
- dem **qualifizierten** Zeugnis.

Ob der Arbeitgeber das eine oder das andere auszustellen hat, hängt allein von der **Wahl des Arbeitnehmers** ab.

Die Begriffe »Zwischenzeugnis«, »Vorläufiges Zeugnis« und »Ausbildungszeugnis« unterscheiden demgegenüber nur nochmals nach **Anlass und Zeitpunkt** der Zeugniserteilung.

**Inhaltlich** handelt es sich aber auch in diesen Fällen, abhängig von der Wahl des Arbeitnehmers, um ein einfaches oder qualifiziertes Zeugnis.

## 4.2 Einfaches Zeugnis

Das einfache Zeugnis stellt ausschließlich eine Bestätigung des Arbeitgebers über die **Art** und **Dauer** der Beschäftigung dar (vgl. § 109 Abs. 1 Satz 2 GewO, § 630 Satz 1 BGB). **Nicht enthalten** sind also insbesondere Aussagen über **Leistung und Führung** des Arbeitnehmers. Sein Zweck besteht darin, dem Arbeitnehmer beim Arbeitsplatzwechsel einen lückenlosen Nachweis über seine bisherige fachspezifische Tätigkeit zu ermöglichen (*BAG 12.08.1976, EzA § 630 BGB Nr. 7*).

Die **Art der Beschäftigung** ist so genau und vollständig zu beschreiben, dass sich ein Dritter hierüber ein Bild machen kann. Die bisherigen Aufgaben des Arbeitnehmers, seine Verantwortung und Kompetenzen sollten hier genauso Erwähnung finden, wie gegebenenfalls der Werdegang im Unternehmen über die gesamte Dauer der Tätigkeit. Die Art der Beschäftigung und die Beschreibung des Aufgabengebietes gehen dabei meist ineinander über. Die Erläuterungen zum Aufgabengebiet im Zeugnis sollen ein getreues Spiegelbild aller vom Zeugnisempfänger ausgeführten Tätigkeiten und Arbeiten sein (*LAG Hamm 28.08.1997, NZA-RR 1998, 490*). Wie weitgehend dafür **Einzelheiten** in das Zeugnis aufzunehmen sind, hängt von der verrichteten Arbeit ab.

Beispiel:

Die Tätigkeit eines Lagerhilfsarbeiters in einer Großhandlung bedarf keiner umfassenden Beschreibung. Anders ist dies bei einem Facharbeiter oder Mechaniker.

Allgemeine Angaben genügen nicht, wenn der Arbeitnehmer mit Sonderaufgaben (bspw. regelmäßiger Vertretung von Vorgesetzten) betraut war.

Ein Beurteilungsspielraum steht dem Arbeitgeber hier praktisch nicht zu. Selbstverständlich müssen alle in das Zeugnis aufgenommenen Tatsachen der **Wahrheit** entsprechen.

Hinsichtlich der **Dauer** kommt es darauf an, wie lange das Arbeitsverhältnis **rechtlich** Bestand hatte. Unerheblich sind demnach z.B. Zeiten der Freistellung nach Ausspruch, aber vor Wirksamwerden der Kündigung.

Beispiel:

Der Arbeitgeber kündigt dem Arbeitnehmer wegen des Verdachts einer Straftat am 28.02.2009 zwar unter Einhaltung der ordentlichen Kündigungsfrist zum Ablauf des 31.03.2009, erteilt diesem aber wegen des Straftatverdachts ein sofortiges Hausverbot.

Als Beendigungszeitpunkt ist hier der 31.03.2009 in das Arbeitszeugnis aufzunehmen.

Auch kürzere Unterbrechungen (Krankheit, Urlaub) bleiben im Zeugnis regelmäßig unberücksichtigt.

**Längere Zeiten der Arbeitsunterbrechung** (bspw. Wehr- oder Zivildienstzeiten, langandauernder Krankheitszeiten, sonstige Arbeitsbefreiungen) sind aber **jedenfalls dann im Zeugnis** – ggf. ohne Angabe des Grundes – **zu erwähnen**, wenn diesen **für die Einschätzung der Gesamtbeurteilung des Arbeitnehmers** eine Bedeutung zukommt. Schließlich muss dem Arbeitgeber schon im Interesse der Zeugniswahrheit die Möglichkeit eingeräumt werden, auf die für ihn wegen der längeren Fehlzeit nur eingeschränkte Beurteilungsgrundlage hinzuweisen.

Nach Auffassung des LAG Sachsen (*30.01.1996, NZA-RR 1997, 47*) darf eine Krankheit im Zeugnis grundsätzlich **nicht** vermerkt werden, auch dann nicht, wenn sie den **Kündigungsgrund** bildet. Krankheitsbedingte Fehlzeiten dürfen **nur dann** im Zeugnis erwähnt werden, wenn sie außer Verhältnis zur tatsächlichen Arbeitsleistung stehen, wenn sie also etwa die **Hälfte** der gesamten Beschäftigungszeit ausmachen. Nach Auffassung des BAG stellt es für einen Koch eine erheblich Ausfallzeit dar, wenn der Arbeitnehmer während des 50-monatigen Bestehens des Arbeitsverhältnisses 33 1/2 Monate Erziehungsurlaub bzw. Elternzeit in Anspruch genommen hat *(BAG 10.05.2005, EzA § 109 GewO Nr. 3)*.

Als Faustregel kann also gelten, dass die Unterbrechung dann im Zeugnis Erwähnung finden sollte, wenn sie **mehr als die Hälfte der Gesamtbeschäftigungszeit** ausgemacht hat.

Der Zeitraum des rechtlichen Bestandes des Arbeitsverhältnisses ist **datumsmäßig** genau festzulegen.

Der **Grund der Beendigung** des Arbeitsverhältnisses, also **warum** gekündigt wurde, hat weder mit der Art noch mit der Dauer des Arbeitsverhältnisses zu tun und darf daher nur auf Wunsch des Arbeitnehmers in das Zeugnis aufgenommen werden (*LAG Köln 29.11.1990, LAGE § 630 BGB Nr. 11*).

Gleiches gilt für die **Beendigungsmodalität**, also die **Art** der Kündigung (ordentliche, außerordentliche) sowie für die Frage, von welcher Seite die Kündigung erklärt wurde.

Beispiel:

»Frau... ist durch ordentliche Kündigung seitens des Arbeitgebers vom 30.04.2009 mit Wirkung zum 30.06.2009 aus unserem Betrieb ausgeschieden«.

Ohne ausdrückliches Verlangen des Arbeitnehmers ist die Aufnahme eines solchen Passus in ein Zeugnis unzulässig. Der Arbeitnehmer hat Anspruch auf Entfernung der Formulierung und kann das Entfernungsverlangen notfalls gerichtlich geltend machen.

## 4.3 Qualifiziertes Zeugnis

### 4.3.1 Allgemeines

Das auf Verlangen des Arbeitnehmers ausgestellte **qualifizierte Zeugnis** unterscheidet sich vom einfachen dadurch, dass es sich **zusätzlich** auf **Leistung** und **Verhalten** des Arbeitnehmers im Arbeitsverhältnis erstreckt (der in § 630 Abs. 1 S. 2 BGB verwendete Begriff „Führung“ wurde in § 109 Abs. 1 S. 3 GewO durch den Begriff „Verhalten“ ersetzt; des weiteren wurde der Begriff „Dienstverhältnis gegen „Arbeitsverhältnis“ ausgetauscht). Eine Beschränkung des qualifizierten Zeugnisses auf die zusätzliche Beurteilung allein der Leistung **oder** des Verhaltens ist nicht möglich, da das Zeugnis ein **Gesamtbild** von der Persönlichkeit des Arbeitnehmers vermitteln soll (*ArbG Düsseldorf 01.10.1987, DB 1988, 508*).

Aus demselben Grund kann der Arbeitnehmer auch **nicht** die Erteilung eines Zeugnisses **nur für einen bestimmten Zeitraum** des Arbeitsverhältnisses oder, bei gemischter Tätigkeit, **für jede Funktion gesondert** fordern (*LAG Frankfurt a.M. 14.09.1984, NZA 1985, 27*).

Ebenso wenig ist es ausreichend, wenn sich aus der positiven Leistungsbeurteilung nur gewisse positive Rückschlüsse auf das Führungsverhalten des Arbeitnehmers ziehen lassen (*LAG Düsseldorf 30.05.1990, LAGE § 630 BGB Nr. 10*).

### 4.3.2 Leistung und Leistungsbeurteilung

Unter den Begriff der **Leistung** fallen insbesondere Umstände wie

- das körperliche und geistige **Leistungsvermögen,**
- **fachliches Wissen und Können,**
- **Leistungsbereitschaft,**
- **Arbeitsweise und Arbeitserfolg.**

Einzelne Aspekte könnten hier bspw. Verhandlungsgeschick, Ausdrucksvermögen, Verantwortungsbereitschaft etc. sein. Für die Frage des Fachwissens kann darüber hinaus von Bedeutung sein, inwieweit der Arbeitnehmer während des Arbeitsverhältnisses an Schulungs- und Weiterbildungsmaßnahmen teilgenommen hat.

Das Leistungsvermögen ist an einem **Maßstab vergleichbarer Kräfte** zu messen.

Hinsichtlich der **Bewertung der einzelnen Leistungsmerkmale** hat der Arbeitgeber einen **Beurteilungsspielraum**. Aber auch hier sollte er um **größtmögliche Objektivität** bemüht sein. Es muss eine wahrheitsgemäße, nach sachlichen Maßstäben ausgerichtete und **nachprüfbare Gesamtbewertung** der Leistung des Arbeitnehmers erfolgen. Einmalige Vorfälle oder Umstände positiver oder negativer Art bleiben dabei unberücksichtigt (*BAG 18.06.1960, NJW 1960, 1973*).

Für die **Gesamtbewertung** der Leistung im Zeugnis haben sich in der betrieblichen Praxis bestimmte Formulierungen herausgebildet, die **einer Notenskala gleichzusetzen** sind (vgl. *LAG Hamm 13.02.1992, LAGE § 630 BGB Nr. 16*):

| **Standardformulierungen zur Leistungsbeurteilung** | |
|---|---|
| Er (sie) hat die ihm (ihr) übertragenen Aufgaben **stets zu unserer vollsten Zufriedenheit** erledigt | bescheinigt eine sehr gute Leistung (*BAG 23.09.1992,EzA §630 BGB Nr.16*) |
| Er (sie) hat die ihm (ihr) übertragenen Aufgaben **stets zu unserer vollen Zufriedenheit** erledigt | bedeutet eine gute Leistung (*LAG Düsseldorf 26.02.1985,DB 1985, 2692*) |

| | |
|---|---|
| Er (sie) hat die ihm (ihr) übertragenen Aufgaben **zu unserer vollen Zufriedenheit** erledigt | dem Arbeitnehmer wird eine zumindest befriedigende, weil nicht zu beanstandende, Durchschnittsleistung attestiert (*BAG 12.08.1976, EzA §630 BGB Nr.7; LAG Düsseldorf 12.03.1986, LAGE §630 BGB Nr.2; LAG Bremen, 09.11.2000, FA 6/2001, S. 187*) |
| Er (sie) hat die ihm (ihr) übertragenen Aufgaben **zu unserer Zufriedenheit** erledigt | bescheinigt eine unterdurchschnittliche, aber ausreichende Leistung (*LAG Frankfurt 10.09.1987, LAGE §630 BGB Nr.3;LAG Hamm 19.10.1990, LAGE §630 Nr.12*) |
| Er (sie) hat die ihm (ihr) übertragenen Aufgaben **im großen und ganzen zu unserer Zufriedenheit** erledigt | bringt eine mangelhafte Leistung zum Ausdruck (vgl. Notenskala *LAG Hamm 13.02.1992, LAGE §630 BGB Nr.16*) |
| Er (sie) hat sich **bemüht**, die ihm (ihr) übertragene Arbeit zu unserer Zufriedenheit zu erledigen oder führte die ihm (ihr) übertragenen Aufgaben mit großem Fleiß und Interesse durch | bedeutet eine völlig ungenügende Beurteilung. Diese ist nur dann zulässig, wenn die negative Wertung durch Tatsachen zu belegen ist (vgl. *BAG 24.03.1977, EzA §630 BGB Nr.9*) |

Wichtig bei zusammenfassenden Zeugnisfloskeln, und zwar unabhängig davon, ob es sich um die zusammenfassende Beurteilung einzelner Leistungsmerkmale oder der Leistung insgesamt handelt, ist zum einen der **Zeitfaktor**. Mit dem Wort **»stets«** oder anderen gleichbedeutenden Redewendungen (»jederzeit«) bringt der Arbeitgeber zum Ausdruck, dass die von ihm abgegebene Leistungsbeurteilung einheitlich für die gesamte Beschäftigungszeit gelten soll. Fehlt dieser Zeitfaktor völlig, so kommt dieser Tatsache die Bedeutung eines »beredten Schweigens« zu, d.h. die vorgenommene Beurteilung gilt **zeitlich nur eingeschränkt**. So enthält die Bescheinigung, ein Arbeitnehmer habe sich gegenüber Vorgesetzten und Mitarbeitern »stets einwandfrei« verhalten, gegenüber der Bescheinigung eines »einwandfreien« Verhaltens eine **bessere Beurteilung** *(BAG 21.06.2005, EzA § 109 GewO Nr. 4).*

Eine Abstufung in der Leistungsbeurteilung wird zum anderen dadurch erreicht, dass den **Leistungsfaktor** (»Zufriedenheit«) näher **bestimmende Eigenschaftsworte** (»vollen«, »vollsten«) weggelassen oder hinzugefügt werden.

**Hinweis:**

Obwohl das Wort »voll« zu den nicht vergleichs- und damit nicht steigerungsfähigen Adjektiven gehört, wird in der Zeugnissprache die Formulierung »vollste Zufriedenheit« in Kauf genommen (*BAG 23.09.1992, EzA § 630 BGB Nr. 16*). Auch nach Auffassung des LAG Hamm (*13.02.1992, LAGE § 630 BGB Nr. 16*) erscheint es »abulistisch«, im Hinblick auf den in Sprachlehrbüchern nicht vorhandenen Superlativ des Wortes »voll« dem Arbeitnehmer das Adjektiv »vollste« bei der Beurteilung im Zeugnis zu verweigern, wenn es in arbeitsrechtlichen Monographien, Musterbüchern und Zeitschriften gebräuchlich ist.

Bei den oben genannten Beispielen handelt es sich durchweg um Gesamtbeurteilungen der Arbeitsleistung eines Arbeitnehmers, bei denen auf **individuelle Leistungsmerkmale** nicht eingegangen wird.

Gerade weil für die Gesamtbeurteilungen weitgehend ein Konsens hinsichtlich deren Bedeutung besteht, neigen die Verfasser von Arbeitszeugnissen immer mehr dazu, sich auf eine allgemeine Bewertung zu beschränken. Das qualifizierte Arbeitszeugnis ist aber nur dann noch ein Erkenntnismittel mit einer bestimmten Aussagekraft, wenn zusätzlich zu einer ausführlichen Tätigkeitsbeschreibung auch ausreichende und sehr **individuelle Informationen** über Eignung, Befähigung und Leistung des betreffenden Arbeitnehmers gegeben werden. Sinnvoll erscheint eine abschließende Bewertung erst danach, um dem Leser des Zeugnisses die Einschätzung der Leistung insgesamt zu erleichtern.

### 4.3.3 Verhalten im Arbeitsverhältnis

Auch die Beurteilung des Verhaltens im Arbeitsverhältnis soll ein Gesamtbild der für die Beschäftigung wesentlichen Charaktereigenschaften und Persönlichkeitszüge des Arbeitnehmers vermitteln. Hierzu gehört das Sozialverhalten gegenüber Mitarbeitern und Vorgesetzten ebenso wie bei leitenden Angestellten die Fähigkeit zum Führen von **Untergebenen**. Zu bewerten ist das **Verhalten während der Arbeitszeit**. Außerdienstliches Verhalten darf nur erwähnt werden, wenn es das Verhalten während der Arbeitszeit beeinträchtigt hat (*BAG 29.01.1986, DB 1986, 1340*).

Beispiel:

Aufgrund seines nicht unerheblichen Alkoholkonsums am Wochenende kommt der Arbeitnehmer regelmäßig auch am Montag alkoholisiert in den

Betrieb. Hierunter leiden seine Arbeitsergebnisse jedenfalls bis zum Nachmittag in nicht geringem Maße.

Unter den Begriff des »Verhaltens« fällt auch ein **arbeitsvertragswidriges Verhalten des Arbeitnehmers**.

Ein Vertragsbruch kann daher bei der Beurteilung der Führung Berücksichtigung finden. Allerdings darf auch in diesem Fall der Arbeitnehmer **eine wohlwollende Formulierung** erwarten (*LAG Hamm 24.09.1985, LAGE 630 BGB Nr. 1*).

Beispiel:

(Nichteinhaltung der vereinbarten Kündigungsfrist durch den Arbeitnehmer)

**Unzulässige Formulierung:**

»Herr/Frau... hat seinen Arbeitsplatz vertragswidrig und vorzeitig zum 31.12. verlassen«.

**Zulässige, wohlwollende Formulierung:**

»Herr/Frau... hat unsere Gesellschaft aus eigenem Entschluss am 31.12. verlassen, um sofort eine neue Tätigkeit aufzunehmen«.

Die ausdrückliche Erwähnung eines Vertragsbruchs ist gänzlich unzulässig, wenn sich dieser bereits aus dem von üblichen Kündigungsfristen abweichenden Beendigungsdatum des Arbeitsverhältnisses ergibt (*LAG Köln 08.11.1989, LAGE § 630 BGB Nr. 8*).

Beispiel:

»Herr/Frau... war vom 01.01.1990 bis zum 24.06.2008 in unserem Unternehmen beschäftigt«.

Dasselbe gilt für die Erwähnung einer **fristlosen arbeitgeberseitigen Kündigung aufgrund eines Vertragsbruchs**. Auch hier ist deren ausdrückliche Erwähnung unzulässig, wenn sich diese in einem »ungeraden« Beendigungsdatum widerspiegelt (*LAG Düsseldorf 22.01.1988, LAGE § 630 BGB Nr. 4*).

Grundsätzlich gilt, dass der Arbeitgeber dort, wo nach der Verkehrsanschauung mit einer Aussage gerechnet wird, z.B. hinsichtlich der Ehrlichkeit von Handlungsgehilfen, Kassierern, Verkäufern, der Loyalität von Sekretärinnen etc., nicht schweigen darf (*BAG 29.07.1971, EzA § 630 BGB Nr. 1*). Hier berechtigt auch der bloße Verdacht der Unehrlichkeit den Arbeitgeber nicht dazu, den Zusatz »ehrlich« im Zeugnis zu unterlassen. Fehlt die hier erwartete Aussage, so kommt diese Tatsache auch hier einem »beredten Schweigen« gleich, d.h. der kundige Leser des Zeugnisses folgert zum Nachteil des Betreffenden das Nichtvorliegen der erwarteten Eigenschaft.

Bei Tagungszeitungsredakteuren kann auch das Fehlen einer Aussage zur Belastbarkeit in Stresssituation negativ gewertet werden *(BAG 12.08.2008 Pressemitteilung Nr. 61/08)*.

Andererseits muss sich der Arbeitgeber an der Beurteilung, die er dem Arbeitnehmer erteilt hat, diesem und einem Dritten gegenüber festhalten lassen. So ist die Rückforderung eines Mankos, das nach Ausscheiden des Kassierers festgestellt worden ist und dem im Zeugnis ein »ehrliches« Verhalten bescheinigt wurde, ausgeschlossen (*BAG 08.02.1972, EzA § 630 BGB Nr. 3*). Gegenüber einem Dritten kann die unrichtige Bewertung einen Schadensersatzanspruch auslösen.

### 4.3.4 Sonstiger Zeugnisinhalt

- **Beendigungsgrund, Beendigungsmodalität**

**Keinesfalls** darf im Zeugnis vermerkt werden, es werde aufgrund eines **gerichtlichen Urteils** oder **Vergleichs** erteilt.

- **Betriebsratstätigkeit**

Eine Tätigkeit des Arbeitnehmers im **Betriebsrat** ist grundsätzlich nur auf dessen Verlangen ins Zeugnis aufzunehmen (*BAG 19.08.1992, EzA § 630 BGB Nr. 14*). Auch eine Umschreibung und damit Andeutung der Arbeitnehmervertretung, bspw. »er setzte sich für die Belange seiner Kollegen ein« oder »er ist inner- und außerbetrieblich ein sehr engagierter Mitarbeiter« muss unterbleiben.

Eine Ausnahme wird man hier machen müssen, wenn das Betriebsratsmitglied über einen **längeren Zeitraum für die Betriebsratstätigkeit freigestellt** gewesen ist und deswegen die **Gesamtbeurteilung** von Leistung und Führung nur **eingeschränkt** möglich ist.

- **Elternzeit**

Der Arbeitgeber darf in einem Zeugnis die Elternzeit eines Arbeitnehmers nur erwähnen, sofern sich die Ausfallzeit als eine wesentliche tatsächliche Unterbrechung der Beschäftigung darstellt. Das ist dann der Fall, wenn diese nach Lage und Dauer erheblich ist und wenn bei ihrer Nichterwähnung für Dritte der falsche Eindruck entstünde, die Beurteilung des Arbeitnehmers beruhe auf einer der Dauer des rechtlichen Bestands des Arbeitsverhältnisses entsprechenden tatsächlichen Arbeitsleistung.

Für einen Koch stellt es eine erhebliche Ausfallzeit dar, wenn der Arbeitnehmer während des 50 Monate bestehenden Arbeitsverhältnisses 33 1/2 Monate Elternzeit in Anspruch genommen hat. Die Erwähnung der Elternzeit im Zeugnis stellt dann keinen Verstoß gegen das Benachteiligungsverbot des § 612 a BGB dar *(BAG 10.05.2005, EzA § 109 GewO Nr. 3).*

- **Erkrankung(en) des Arbeitnehmers**

Gleiches gilt für eine **Erkrankung** des Arbeitnehmers, und zwar auch im Falle wiederholter und längerer Erkrankung. Eine Ausnahme wird man in dem Fall zu machen haben, in dem die Krankheitszeiten so lang gewesen sind, dass eine abschließende Beurteilung durch den Arbeitgeber gar nicht mehr möglich ist (vgl. oben „Elternzeit").

Krankheitsbedingte Fehlzeiten sind aber niemals Gegenstand der Leistungs- oder Führungsbeurteilung des Arbeitnehmers, d.h. selbst häufige Fehlzeiten rechtfertigen keine negative Beurteilung.

- **Prokura, Widerruf**

Modalitäten, die von den Arbeitsvertragsparteien im Zusammenhang mit der Beendigung des Arbeitsverhältnisses vereinbart werden (bspw. der Widerruf der Prokura), sind nicht zu erwähnen (*BAG 26.06.2001, EzA § 630 BGB Nr. 24*).

- **Schlussfloskel**

Üblicherweise endet das Zeugnis mit einer **Schlussfloskel**, in welcher der Arbeitgeber sein Bedauern über den Weggang sowie seine »Wünsche für die Zukunft« des ausscheidenden Arbeitnehmers zum Ausdruck bringt.

Beispiel:

»Wir bedauern das Ausscheiden von Herrn/Frau, danken für die geleistete Arbeit und wünschen für den weiteren Berufsweg alles Gute«.

Nach der nunmehr vorliegenden höchstrichterlichen Rechtsprechung (*BAG 20.02.2001, EzA § 630 BGB Nr. 23*) ist der Arbeitgeber gesetzlich **nicht verpflichtet**, das Arbeitszeugnis mit Formulierungen abzuschließen, in denen er dem Arbeitnehmer für die gute Zusammenarbeit dankt und ihm für die Zukunft alles Gute wünscht. Das BAG weist in der o. g. Entscheidung jedoch auf **folgendes ausdrücklich hin**: Im Schrifttum wird empfohlen, mit einer Schlussfloskel das Zeugnis abzuschließen und dadurch das im Zeugnis vom Arbeitnehmer gezeichnete Bild abzurunden. Die Schlussformulierung ist mithin **nicht »beurteilungsneutral«**, sondern grds. geeignet, die objektiven Zeugnisaussagen zum Verhalten im Arbeitsverhältnis und den Leistungen des Arbeitnehmers sowie die Angaben zum Beendigungsgrund zu **bestätigen** oder zu **relativieren**. Soweit der Arbeitgeber solche Schlussformulierungen verwendet, müssen diese mit dem übrigen Zeugnisinhalt **im Einklang stehen**. Ist das nicht der Fall, kann der Arbeitnehmer den Arbeitgeber auf Erteilung eines ordnungsgemäßen Zeugnisses in Anspruch nehmen.

Nach Auffassung des LAG Köln (*29.11.1990, LAGE § 630 BGB Nr. 11*) machen das vom Arbeitgeber geschuldete Wohlwollen und die Rechtskraftbindung an die festgestellte Sozialwidrigkeit einer Kündigung es zum einen erforderlich, im Anschluss an einen **arbeitsgerichtlichen Vergleich** die (unwirksame) Kündigung und den Kündigungsschutzprozess im Zeugnis unerwähnt zu lassen und andererseits etwaige nachteilige Rückschlüsse des Zeugnislesers **durch eine wohlwollende Formulierung** (vgl. Beispiel) zu vermeiden. Wird eine Schlussformel gebraucht, so darf sie nach Auffassung des LAG Hamm (*12.07.1994, LAGE § 630 BGB Nr. 26*) jedenfalls **nicht** in **Widerspruch** zu dem vorangehenden Zeugnisinhalt stehen und diesen **nicht relativieren.**

In einer Entscheidung des LAG Berlin (*10.12.1998, BB 1999, 851*) ging es um die Frage, ob der Arbeitgeber gezwungen werden kann, in eine im Zeugnis bereits **vorhandene** Schlussformel zusätzlich den Ausdruck des **»Bedauerns«** über das Ausscheiden der Arbeitnehmerin aufzunehmen. Dies hat das LAG Berlin unter Hinweis darauf verneint, dass es sich jedenfalls **insoweit nicht** um einen **notwendigen Bestandteil** des Zeugnisses handele.

Demgegenüber steht das Hessische LAG (*17.06.1999, BB 2000, 155*) auf dem Standpunkt, dass das Fehlen einer Schlussformulierung (insbesondere ein gutes) Zeugnis **entwertet**. und der Arbeitnehmer unter Umständen einen **Anspruch** auf die Aufnahme der Formulierung »Wir danken ... für die gute Zusammenarbeit und wünschen für die Zukunft alles Gute und weiterhin Erfolg« **haben kann.**

Auch das ArbG Berlin (*07.03.2003, EzA-SD 21/03, 6*) vertritt zum Anspruch auf die »Schlussformulierung« eine vom BAG dezidiert abweichende Auffassung. Demzufolge besteht auf die Aufnahme einer sog. »Dankes- und Zukunftsformel« am Ende eines auf Führung und Leistung erstreckten Arbeitszeugnisses regelmäßig ein Rechtsanspruch des Arbeitnehmers. Dies folge angesichts der tatsächlichen Verbreitung solcher

Formeln in der betrieblichen Praxis aus dem Umstand, dass das Fehlen einer abschließenden »Dankes- und Zukunftsformel« den im Übrigen positiven Gesamteindruck des Zeugnisses in nicht kontrollierbarer Weise zu entwerten geeignet sei und damit das »berufliche Fortkommen« des Betroffenen gravierend gefährden könne. Daraus ergebe sich der Rechtsanspruch nicht nur schon kraft allgemeiner Fürsorgepflicht des Arbeitgebers, sondern auch aus einer nach Maßgabe der sog. Schutzpflichtlehre am Grundrecht der Berufsausübungsfreiheit des Arbeitnehmers (Art. 12 Abs. 1 Satz 2 GG) orientierten Auslegung des einfachen Gesetzesrechts, die über § 242 BGB den zeugnisrechtlichen Pflichtenkreis des Arbeitgebers in § 630 BGB a.F. (§ 109 GewO n.F.) mitbestimme. Triftige Gründe des Arbeitgebers, der mit der Zeugniserteilung seinerseits u.a. sein Grundrecht auf Berufsfreiheit (Art. 12 Abs. 1 Satz 2 GG) ausübt, könnten den Anspruch des Arbeitnehmers auf eine »Dankes- und Zukunftsformel« zwar begrenzen oder ausschließen. Ob solche Gründe im Einzelfall anzuerkennen seien, richte sich im Zweifel aber nach den Grundsätzen »praktischer Konkordanz« beim Ausgleich widerstreitender Grundrechtspositionen. Die hierbei gebotene Abwägung der beteiligten Belange folge dem gedanklichen Schema der Verhältnismäßigkeitskontrolle.

- **Straftaten während des Arbeitsverhältnisses**
  Straftaten und -verfahren sind für ein Zeugnis **nur dann relevant**, wenn:

- sie **mit dem Arbeitsverhältnis in Verbindun**g stehen und
- ihr Vorliegen nachweisbar feststeht (entweder gerichtliche Entscheidung oder eindeutige Fakten, insbes. zusammen mit einem Eingeständnis). Ein bloßer Straftatverdacht ist also nicht ausreichend!

Der Arbeitgeber darf in so einem Fall bei der Führungsbeurteilung des Arbeitnehmers **keinesfalls den nachweisbaren Straftatbestand völlig unberücksichtigt lassen**, bspw. um dem Arbeitnehmer nicht die Zukunftsperspektiven zu verbauen. Derartig gravierende Umstände dürfen nicht verschwiegen werden, falls in solchen Fällen die Ausstellung eines qualifizierten Zeugnisses überhaupt verlangt wird. Verlangt der Arbeitnehmer überhaupt ein qualifiziertes Zeugnis, trägt er grundsätzlich das Risiko, dass dieses Nachteiliges über ihn enthält.

Hier besteht ein Haftungsrisiko des Arbeitgebers, wenn nachgewiesene Straftatbestände, die sich während des Arbeitsverhältnisses ereignet haben, wider besseres Wissen im Zeugnis in keiner Weise Erwähnung finden und einem nachfolgenden Arbeitgeber vom Arbeitnehmer ein Schaden zugefügt wird.

Ob im Hinblick auf die Zukunft des Arbeitnehmers **die Straftat als solche** (Unterschlagung, Diebstahl etc.) im Zeugnis erwähnt werden muss, ist abschließend nicht geklärt. Insoweit ist auch zu berücksichtigen, dass ein entsprechender Hinweis dem Arbeitnehmer sein Leben lang anhängen würde (selbst im Bundeszentralregister werden Vorstrafen nach einer bestimmten Zeit getilgt). Andererseits wird man dem Arbeitgeber auch eine ausdrückliche Erwähnung der Straftaten insbesondere dann nicht verwehren dürfen, wenn aus diesem **Anlass** das Arbeitsverhältnis beendet worden ist.

In jedem Fall muss aber zumindest indirekt das Fehlverhalten des Arbeitnehmers in dessen Führungsbeurteilung zum Ausdruck kommen.

Beispiel:

»Sein Verhalten gab Anlass zu Beanstandungen« oder »das persönliche Verhalten von Herrn/ Frau ... war nicht frei von Beanstandungen. Ihm/Ihr fiel es schwer, sich in die betriebliche Ordnung einzufügen«.

- **Vorstrafen**

**Vorstrafen** dürfen auch dann nicht im Zeugnis erwähnt werden, wenn sie zur Entlassung geführt haben. Ebenso ist die Aufnahme **des bloßen Verdachts einer strafbaren Handlung** unzulässig.

- **Wettbewerbsverbot**

Ein bestehendes **Wettbewerbsverbot** ist in das Zeugnis nicht aufzunehmen, da es weder mit der Leistung noch der Führung des Arbeitnehmers in Zusammenhang steht.

## 4.4 Zeugnisformulierung

### 4.4.1 Grundsätze

Bei der Formulierung des Zeugnisses muss seiner Doppelfunktion Rechnung getragen werden: Einerseits soll es dem Arbeitnehmer als Unterlage für eine neue Bewerbung dienen, die nur dann Aussicht auf Erfolg haben kann, wenn seine Leistung nicht falsch oder zu gering bewertet worden ist. Andererseits hat es die Aufgabe, einen Dritten zu unterrichten, der die Einstellung des Zeugnisinhabers erwägt und dessen Interessen möglicherweise dann gefährdet sind, wenn der Arbeitnehmer zu hoch eingeschätzt worden ist.

Oberster **Grundsatz** im Rahmen der Zeugniserteilung ist daher, **dass alle im Zeugnis aufgenommenen Tatsachen wahr** sein müssen. Andernfalls kommt eine **Haftung des Zeugnisausstellers** für die unrichtige Erteilung sowohl gegenüber dem Zeugnisempfänger als auch dem neuen Arbeitgeber in Betracht.

Es ist allerdings nicht zu verkennen, dass jede Art von Bewertung ein subjektives Element beinhaltet. Die Formulierung des Zeugnisses ist Sache des Arbeitgebers. So steht es ihm grundsätzlich frei, bestimmte Eigenschaften und Leistungen des Arbeitnehmers mehr hervorzuheben oder zurücktreten zu lassen (*BAG 29.07.1971, EzA § 630 BGB Nr. 1*).

Insoweit hat der Arbeitgeber unvermeidlich einen **Beurteilungsspielraum** (*BAG 12.08.1976, EzA § 630 BGB Nr. 7*). Dieser ist naturgemäß bei der Leistungsbeurteilung größer als bei der bloßen Darstellung der Tätigkeit. Aber auch bei der Leistungsbeurteilung muss sich der Arbeitgeber um **möglichst objektive, nachvollziehbare Bewertungskriterien** bemühen.

Der Beurteilungsspielraum ist gerichtlich dahingehend überprüfbar, ob willkürliche oder überzogene Maßstäbe der Bewertung zugrunde gelegt wurden. Dies ist bspw. der Fall, wenn sämtliche Einzelleistungen in einem Zeugnis, die ohne Einschränkungen und daher mit »sehr gut« bewertet worden sind, in ihrer Gesamtheit nur zu einer »guten« Bewertung führen (*BAG 23.09.1992, EzA § 630 BGB Nr. 16*).

Bestätigt worden ist mit dieser Entscheidung auch, dass der Arbeitgeber auf die **Verkehrssitte Rücksicht zu nehmen hat**, nach der in der Praxis des Arbeitslebens bestimmten Zeugnisformulierungen ganz bestimmte Wertungen zugerechnet werden. Dies geht soweit, dass grammatikalische Ungereimtheiten (»vollsten« Zufriedenheit) in Kauf genommen werden.

Hat ein Arbeitnehmer in mehreren Jahren nur selten Fehlleistungen gezeigt, so muss mindestens ein Durchschnittszeugnis erteilt werden (*LAG Düsseldorf 26.02.1985, DB 1985, 2692; LAG Köln 02.07.1999 LAGE BGB § 630 Nr. 35*).

Der Arbeitgeber kann wegen des Beurteilungsspielraums hingegen nicht gezwungen werden, eine nicht beanstandete Leistung als »sehr gute« zu bewerten (*LAG Düsseldorf 12.03.1986, LAGE § 630 BGB Nr. 2*).

Schließlich hat nach der Rechtsprechung (*BAG 26.11.1962, AP Nr. 10 zu § 826 BGB*) der Arbeitgeber das Zeugnis im Interesse des Arbeitnehmers mit **Wohlwollen** zu erstellen. Dies bedeutet nicht, dass nur positive und damit dem Arbeitnehmer günstige Bewertungen in das Zeugnis aufgenommen werden dürfen. Ein solches Zeugnis widerspräche dem zuvor erläuterten Grundsatz der Wahrheitspflicht. Ein Arbeitnehmer, der ein qualifiziertes Zeugnis verlangt, muss damit rechnen, dass darin auch negative Aussagen enthalten sein können. Unter einem wohlwollenden Maßstab ist vielmehr zu verstehen, dass das Zeugnis aus der Sicht eines verständigen Arbeitgebers abzufassen ist und nicht durch Vorurteile oder Voreingenommenheit bestimmt sein darf, die ein Fortkommen des Arbeitnehmers unnötig erschweren. Im Rahmen der Zeugniserteilung dürfen **daher auch negative Eigenschaften und Vorfälle nur in einer adäquaten Weise** zum Ausdruck kommen.

Probleme entstehen hier oftmals dann, wenn der Arbeitnehmer sich gegen eine vom Arbeitgeber ausgesprochene Kündigung mit einer **Kündigungsschutzklage** zur Wehr setzt. Auch in dieser Situation muss der Arbeitgeber in der Lage sein, ein an objektiven Maßstäben ausgerichtetes Zeugnis zu erteilen.

Der Versuch, einen bspw. durch Abfindungsvergleich beendeten Kündigungsschutzprozess durch ein negatives Zeugnis »wettzumachen«, endet dann oftmals in einem weiteren (für den Arbeitgeber wenig aussichtsreichen) Zeugnisberichtigungsstreit.

### 4.4.2 Zeugnissprache

Viele Redewendungen in Arbeitszeugnissen, die beim unkundigen Leser einen positiven Eindruck erwecken, erweisen sich für den verständigen Betrachter keinesfalls als positive Beurteilung, sondern als außerordentlich negativ. Diese Differenz zwischen der Bedeutung einer Formulierung im allgemeinen Sprachgebrauch und in einem Zeugnis kann so groß sein, dass man hier nicht mehr weit von einem »Geheimcode« entfernt ist. Dies führt für alle Beteiligten zu einer erheblichen Rechtsunsicherheit. Trotz der unterschiedlichen Interpretationsmöglichkeiten im Einzelfall soll hier auf die in der Praxis häufigsten Formulierungstechniken hingewiesen werden (vgl. im Einzelnen Weuster/Scheer, Arbeitszeugnisse in Textbausteinen, 6. Aufl. 1995, S. 21 ff. sowie Weuster, Zeugnisgestaltung und Zeugnissprache zwischen Informationsfunktion und Werbefunktion, BB 1992, 58):

- negative Wertungen werden vor allem bei der Leistungsbeurteilung (s. Beispiele oben) hinter fein abgestuften positiven Formulierungen versteckt.
- es fehlen Aussagen an Stellen, wo üblicherweise Aussagen erwartet werden (»beredtes Schweigen«, bspw. hinsichtlich »Ehrlichkeit«, »Loyalität« eines Arbeitnehmers, aber auch Führungsqualitäten bei leitenden Angestellten). Bei Tagungszeitungsredakteuren kann auch das Fehlen einer Aussage zur Belastbarkeit in Stresssituation negativ gewertet werden *(BAG 12.08.2008 Pressemitteilung Nr. 61/08).*
- an sich Nachrangiges wird vorangestellt.

Beispiel:

»Das Verhalten von Herrn/Frau ... gegenüber Mitarbeitern und Vorgesetzten war stets einwandfrei«.

Die Beurteilung des Verhaltens gegenüber Mitarbeitern vor dem gegenüber Vorgesetzten kann darauf hinweisen, dass zu den Mitarbeitern ein weit besseres Verhältnis bestand als zu den Vorgesetzten.

- besondere Hervorhebung von Selbstverständlichkeiten anstatt eines Hinweises auf besondere Eigenschaften oder Fähigkeiten

Beispiel:

»Er/Sie hat alle Arbeiten ordnungsgemäß/pflichtbewusst/ordentlich erledigt« bescheinigt fehlende Eigeninitiative und einen Mangel an besonderen Leistungen, die es lohnt einzeln zu erwähnen.

Einschränkungen in der Aussage durch Vermeidung von aktiven Verben

Beispiel:

»Er/Sie hatte den Zahlungsverkehr mit Kunden zu bearbeiten« anstatt »Er/Sie bearbeitete den Zahlungsverkehr mit Kunden«

- Verwendung von mehrdeutigen oder ungewöhnlichen Redewendungen

Beispiel:

»Er/Sie war tüchtig und wusste sich gut zu verkaufen« meint im Klartext, dass der oder die Betreffende sich auf Kosten anderer in den Vordergrund drängte.

- Widersprüche innerhalb der einzelnen Zeugniskomponenten
- bspw. kann das Fehlen des Schlussabsatzes mit der Dankesformel und den Wünschen für die Zukunft trotz einer zuvor durchschnittlichen oder guten Leistungsbeurteilung eine Verärgerung des Arbeitgebers andeuten.

Festzuhalten ist, dass für eine Beurteilung, die sowohl der Wahrheitspflicht als auch dem geforderten Wohlwollen genügen soll, bei den naturgemäß schon bestehenden sprachlichen Unwägbarkeiten der Gebrauch von **eindeutigen und offenen Aussagen** unerlässlich ist. Diese müssen für den Zeugnisleser **verständlich** sein und keinen Platz für überzogene Deutungen lassen. Schließlich verbietet auch das von der Rechtsprechung geforderte Gebot der wohlwollenden Zeugniserteilung nicht jede negative Aussage, sofern diese nur durch **Tatsachen gerechtfertigt** ist und in einer angemessenen Weise zum Ausdruck gebracht wird.

Bereits während des laufenden Arbeitsverhältnisses für den »Ernstfall« Zeugniserteilung vorbauen:

Der Arbeitgeber sollte sich in regelmäßigen Abständen Gedanken hinsichtlich Leistung und Führung der einzelnen Arbeitnehmer machen und diese »Zwischenbeurteilungen« mit den entscheidenden Gründen auch schriftlich festhalten. Verlangt ein Arbeitnehmer von sich aus ein »Zwischenzeugnis«, sollte auch diesem Wunsch bereitwillig nachgekommen werden. Nur auf diese Weise ist es überhaupt möglich, eine zutreffende Gesamtbeurteilung aufgrund von **nachprüfbaren Tatsachen** für einen längeren Zeitraum (u.U. mehrere Jahre) in einem Zeugnis zu bescheinigen.

Die Nachprüfbarkeit der Beurteilungsgrundlagen (bspw. bestimmte Verhaltensweisen und Vorfälle, die zu einer schlechten Beurteilung des Arbeitnehmers geführt haben) ist dann von erheblicher Bedeutung, wenn der Arbeitgeber in einem Rechtsstreit die Gründe für seine Beurteilungen nicht nur darlegen, sondern beim Bestreiten durch den Arbeitnehmer auch beweisen muss.

## 4.5 Wechsel zwischen einfachem und qualifiziertem Zeugnis

Ein **qualifiziertes Zeugnis** kann der Arbeitnehmer bis zur Grenze der Verwirkung **auch dann noch verlangen, wenn er bereits ein einfaches Zeugnis erhalten hat**. Hierfür spricht schon der Wortlaut der einschlägigen Bestimmungen, wonach das Zeugnis »auf Verlangen« des Arbeitnehmers auf Leistung und Verhalten im Arbeitsverhältnis »zu erstrecken« ist. Auch kann sich die Notwendigkeit eines einfachen Zeugnisses erst zu einem späteren Zeitpunkt herausstellen.

Der umgekehrte Fall, in dem der Arbeitnehmer **zunächst ein qualifiziertes Zeugnis** verlangt, ist höchstrichterlich noch nicht entschieden. Die Meinungen in der Fachliteratur zu dieser Frage sind uneinheitlich. Warum das sich aus den gesetzlichen Bestimmungen ergebende Wahlrecht des Arbeitnehmers zwingend nur in eine Richtung ausgeübt werden darf, bleibt dabei allerdings offen. Aus der Fürsorgepflicht des Arbeitgebers ergibt sich, dass dieser den beruflichen Fortgang des Arbeitnehmers nicht unnötig erschweren darf. Hat nun der Arbeitnehmer ein qualifiziertes Zeugnis erhalten, das – obwohl zutreffend – nicht seinen Erwartungen entspricht, ist nicht einzusehen, warum ihm der Weg zu dem für seinen beruflichen Werdegang möglicherweise vorteilhafteren einfachen Zeugnis abgeschnitten sein soll.

Bis zu welchem Zeitpunkt kann vom Arbeitgeber eine Zeugniserteilung verlangt werden?

Wie jeder andere privatrechtliche Anspruch erlischt auch der Zeugnisanspruch gem. § 362 BGB durch Erfüllung. Diese tritt dann ein, wenn dem Arbeitnehmer ein nach Form und Inhalt den gesetzlichen Vorschriften entsprechendes Zeugnis erteilt worden ist.

Der Erfüllungsanspruch verjährt nach § 195 BGB in 3 Jahren. Für die Praxis bedeutsamer sind regelmäßig die außerhalb von Erfüllung und Verjährung liegenden Erlöschenstatbestände durch

- **Ausschlussklauseln,**
- Verwirkung und
- Verzicht.

Bestehen **tarifliche Ausschlussfristen**, so fällt auch der Zeugnisanspruch als Anspruch aus dem Arbeitsverhältnis unter diese Fristen.

Beispiel:

§ ... des Tarifvertrags lautet:

»Alle gegenseitigen Ansprüche aus dem Arbeitsverhältnis und solche, die mit dem Arbeitsverhältnis in Verbindung stehen, verfallen, wenn sie **nicht innerhalb von 3 Monaten** nach der Fälligkeit gegenüber der anderen Vertragspartei **schriftlich** geltend gemacht werden«.

Ausschlussklauseln können darüber hinaus nach der Rechtsprechung des BAG (*24.03.1988, EzA § 4 TVG Ausschlussfrist Nr. 72*) auch im **Einzelvertrag** gesondert vereinbart werden, solange die Grenze der Sittenwidrigkeit (§ 138 Abs. 1 BGB) nicht überschritten wird. Sittenwidrig sind insbes. solche Regelungen, die den Arbeitnehmer einseitig benachteiligen.

Beispiel:

»Alle Ansprüche des Arbeitnehmers gegen den Arbeitgeber verfallen, wenn sie nicht innerhalb von 2 Monaten nach Beendigung des Arbeitsverhältnisses schriftlich geltend gemacht werden. Die Ansprüche des Arbeitgebers gegen den Arbeitnehmer werden von dieser Regelung nicht berührt«

Unabhängig davon unterliegt auch der Zeugnisanspruch der **Verwirkung**, d.h. noch vor Ablauf der Verjährungsfrist kann dessen Geltendmachung ausgeschlossen sein. Nach der Rechtsprechung des BAG (*17.02.1988, EzA § 630 BGB Nr. 12*) ist hierfür Voraussetzung, dass der Arbeitnehmer

- sein Recht über eine längere Zeit nicht geltend gemacht hat (sog. Zeitmoment),
- dadurch beim Arbeitgeber der Eindruck entstanden ist, er werde dieses auch nicht mehr ausüben (sog. Umstandsmoment) und
- der Arbeitgeber sich darauf eingestellt hat und ihm nach Treu und Glauben die Erfüllung des Anspruchs nicht mehr zumutbar ist.

Exakte Grenzen oder Fristen für das zeitliche Moment gibt es dabei nicht. Es kommt jeweils auf die Umstände des Einzelfalles an, insbes. auch darauf, ob nur ein einfaches oder ein qualifiziertes Zeugnis verlangt wird (im entschiedenen Fall hat das BAG 10 Monate als ausreichend angesehen, um das Zeitmoment zu erfüllen; in einem anderen Urteil [BAG 17.10.1973, BB *1973, 195*] **bereits 5 Monate**). In der neueren Instanz-Rechtsprechung haben das LAG Hamm *(03.07.2002 NZA-RR 2003, 73)* einen „Untätigkeitszeitraum" von 15 Monaten und das LAG Köln *(08.02.2000 NZA-RR 2001, 130)* einen von 12 Monaten als „grundsätzlich" ausreichend angesehen.

Der Anspruch des Arbeitnehmers auf Erteilung des Zeugnisses **ist zwingend und unverzichtbar.** Er kann nicht im Voraus für die Zukunft ausgeschlossen werden.

Zu bejahen ist jedoch die Möglichkeit des Verzichts auf den **Anspruch nach Beendigung** des Arbeitsverhältnisses, wenn die Parteien mit hinreichender Deutlichkeit den Zeugnisanspruch erfassen wollten und die Willenserklärung frei von Mängeln (Täuschung, Drohung) abgegeben wurde.

Für die **Abgeltungsklausel** in einem gerichtlichen oder außergerichtlichen Vergleich, in der die Abgeltung der gegenseitigen Ansprüche der Parteien festgestellt wird, gilt ebenfalls: wird in der Klausel der Zeugnisanspruch nicht ausdrücklich als mit erledigt genannt, wird er von dieser nicht erfasst (*BAG 16.09.1974, EzA § 630 BGB Nr. 5*).

Im Fall von **Verlust oder Beschädigung des Zeugnisses** ist der Arbeitgeber verpflichtet, ein neues Zeugnis auszustellen, wenn die Ausstellung noch zumutbar ist. Unzumutbar ist die Ersatzausstellung ohne entsprechende Unterlagen oder eine sichere Erinnerung. Unerheblich ist, wodurch der Verlust oder die Beschädigung eingetreten ist und ob den Arbeitnehmer hieran ein Verschulden trifft. Der Anspruch des Arbeitnehmers auf Ersatz ist kein neuer Zeugnisanspruch.

# 5 Unterliegt die Zeugniserteilung der Mitbestimmung durch den Betriebsrat?

Wie bereits dargelegt ist die Formulierung des Zeugnisses Sache des Arbeitgebers. Der Arbeitnehmer kann nach § 82 Abs. 2 BetrVG **vom Arbeitgeber verlangen**, dass mit ihm die **Beurteilung seiner Leistungen erörtert wird** und ihm Einsicht in die über ihn geführte **Personalakte** gewährt wird (§ 83 Abs. 1 BetrVG).

In beiden Fällen hat er das Recht, ein **Mitglied des Betriebsrats hinzuzuziehen**. Der Betriebsrat hat aber kein **Mitbestimmungsrecht nach dem BetrVG** hinsichtlich des **Inhalts von Zeugnissen**, auch dann nicht, wenn er auf eine Beschwerde (§ 85 Abs. 1 BetrVG) des Arbeitnehmers hin tätig wird.

Werden jedoch **allgemeine Beurteilungsgrundsätze** auch zur Grundlage der Leistungsbeurteilung im Zeugnis gemacht, besteht für deren Aufstellung ein Mitbestimmungsrecht des Betriebsrats nach § 94 Abs. 2 BetrVG.

# 6 In welchen Fällen kann oder muss der Inhalt eines Zeugnisses nachträglich geändert werden?

## 6.1 Widerruf

Hat sich der Arbeitgeber bei der **Ausstellung geirrt** und ist **das Zeugnis deshalb unrichtig**, kann er ausnahmsweise die mit dem Zeugnis abgegebene Erklärung zwar nicht anfechten, aber **widerrufen** und Zug um Zug gegen Neuerteilung die Herausgabe des Zeugnisses verlangen. Dieses Widerrufsrecht gilt für alle Zeugnisarten (End-, Zwischenzeugnis und vorläufiges Zeugnis).

Hat der Arbeitgeber dagegen das Zeugnis aufgrund einer **gerichtlichen Verurteilung** erteilt, so **scheidet ein Widerruf** wegen der Rechtskraft des Urteils **grundsätzlich aus**. Gleiches muss angenommen werden, wenn das Zeugnis nach einem **gerichtlichen Vergleich** ausgestellt worden ist.

Ein Widerruf kommt insbesondere auch dann in Betracht, wenn aufgrund nachträglich bekannt gewordener Umstände die grobe Unrichtigkeit des Zeugnisses erkennbar wird und sich das Interesse eines anderen Arbeitgebers an einer Mitteilung dieser Umstände geradezu aufdrängt.

Beispiel:

Der Arbeitgeber hat seinem auch für die Abrechnungen zuständigen Arbeitnehmer im Zeugnis ein »ehrliches und zuverlässiges Verhalten« bestätigt. Nach dem Ausscheiden des Arbeitnehmers wird festgestellt, dass dieser eine Unterschlagung zum Nachteil des Arbeitgebers begangen hat.

In diesem Fall kann der Widerruf des Zeugnisses zur **Abwendung von Schadensersatzansprüchen zwingend** sein.

Die **Beweislast** für die Unrichtigkeit des Zeugnisses trägt der **Arbeitgeber**. Wegen des Vertrauensschutzes sind strenge Anforderungen an die Richtigkeit des neuen, verschlechternden Zeugnisses zu stellen *(LAG Hamm 01.12.1994 LAGE § 630 BGB Nr. 25)*.

## 6.2 Berichtigung

Der Arbeitnehmer hat einen Anspruch auf Erteilung eines Zeugnisses, das nach **Form und Inhalt den gesetzlichen Bestimmungen entspricht**. Erteilt der Arbeitgeber ein Zeugnis, welches den Anforderungen nicht genügt, muss der Arbeitnehmer einen Anspruch auf Änderung bzw. Berichtigung des Zeugnisses haben. Da das Gesetz einen Berichtigungsanspruch nicht kennt, sieht der überwiegende Teil der Rechtsprechung in dem **Änderungsverlangen** weiterhin **die Geltendmachung des Erfüllungsanspruchs** (*BAG 23.06.1960, AP Nr. 1 zu § 73 HGB; BAG 23.02.1983, EzA § 70 BAT Nr. 15*).

Der Berichtigungsanspruch muss **ausdrücklich geltend gemacht werden**. Die bloße Erhebung einer Kündigungsschutzklage ist hierfür nicht ausreichend. Ein Anspruch auf Berichtigung besteht von vornherein nicht, wenn der beanstandete Text ohne jede Bedeutung ist, bspw. das Vorliegen eines unbedeutenden Schreibfehlers (*ArbG Düsseldorf 19.12.1984, NJW 1986, 1281*: **»integren« statt »integeren«**).

Eine tarifliche Ausschlussfrist beginnt von dem Zeitpunkt an zu laufen, in welchem der Arbeitnehmer sein Zeugnis erhalten hat. Die Berichtigung erfolgt durch Ausstellung eines neuen Zeugnisses. Dies **trägt das Ausstellungsdatum des berichtigten Zeugnisses**. Eine Bezugnahme auf das Gerichtsurteil oder den Vergleich, der zur Berichtigung geführt hat, ist unzulässig.

Hat der Arbeitnehmer das Zeugnis zu Recht nicht als Erfüllung angenommen, so ist der Arbeitgeber bei der Erstellung des neuen Zeugnisses nicht berechtigt, das Verhalten schlechter zu beurteilen, als in dem zunächst erteilten Zeugnis. Eine schlechtere Beurteilung ist nur dann möglich, wenn dem Arbeitgeber nachträglich Umstände bekannt geworden sind, welche das Verhalten des Arbeitnehmers in einem anderen Licht erscheinen lassen (*BAG 21.06.2005, EzA § 109 GewO Nr. 4).*

# 7 Wie wird ein Zeugniserteilungs- oder Zeugnisberichtigungsanspruch gerichtlich geltend gemacht?

## 7.1 Zeugniserteilungsanspruch

Weigert sich der Arbeitgeber überhaupt ein Zeugnis auszustellen, so kann der Arbeitnehmer nach seiner Wahl auf Erteilung eines einfachen oder qualifizierten Zeugnisses klagen. Die inhaltliche Ausgestaltung des zu erteilenden Zeugnisses spielt hierbei keine Rolle. Der Arbeitgeber hat im Fall seines Unterliegens das gewünschte Zeugnis nach den allgemeinen Grundsätzen zu erstellen.

Verlang der Arbeitnehmer dagegen nicht nur ein einfaches oder qualifiziertes Zeugnis, sondern außerdem auch einen bestimmten Zeugnisinhalt, so hat er im Klageantrag genau zu bezeichnen, was in welcher Form das Zeugnis enthalten soll (*BAG 14.03.2000, FA 2000, 286*).

Für die prozessuale Geltendmachung des Zeugnisanspruchs sind die **Arbeitsgerichte sachlich zuständig**.

Die **Zwangsvollstreckung** des Titels auf Erteilung eines Zeugnisses – sei es Urteil oder Vergleich – erfolgt, da die Zeugniserteilung nur vom Arbeitgeber selbst erbracht werden kann und mithin eine nicht vertretbare Handlung vorliegt, mittels Androhung eines Zwangsgeldes oder Zwangshaft durch das Arbeitsgericht erster Instanz.

Der Vollstreckungsanspruch auf Erteilung eines qualifizierten Zeugnisses ist bereits dann erfüllt, wenn ein qualifiziertes Zeugnis in der notwendigen Form erteilt worden ist. Die inhaltliche Richtigkeit ist nur in einem erneuten Verfahren nachprüfbar (*LAG Frankfurt a.M. 16.06.1989, LAGE § 630 Nr. 7*).

Etwas anderes gilt nur dann, wenn im Rahmen eines Prozessvergleichs der **genaue Inhalt** im Vergleich festgelegt worden ist. Nicht ausreichend ist hier allerdings die oftmals gebrauchte Formulierung, der Arbeitgeber verpflichte sich, ein »wohlwollendes« Zeugnis auszustellen.

Eines Verfahrens zum Zwecke der Berichtigung bedarf es auch dann nicht, wenn es darum geht, **bestimmte Zusätze**, z.B. »ausgestellt aufgrund des Urteils/Vergleichs vom ...« wegzulassen.

## 7.2 Einstweilige Verfügung

Zeugniserteilungs- und Berichtigungsanspruch kann der Arbeitnehmer unter den Voraussetzungen der §§ 62 Abs. 2 ArbGG, § 940 ZPO auch mittels **einstweiliger Verfügung** durchsetzen.

## 7.3 Berichtigungsanspruch

Hat der Arbeitnehmer ein Zeugnis erhalten, sei es unmittelbar nach Beendigung des Arbeitsverhältnisses oder aufgrund eines Urteils über die Ausstellung eines qualifizierten Zeugnisses, und ist er dann mit dessen **Inhalt nicht einverstanden**, so muss er auch in diesem Fall weiter auf Erfüllung klagen. Im Klageantrag muss der Arbeitnehmer **genau bezeichnen**, was in welcher Form geändert werden soll. Er muss also das **Berichtigungsverlangen** notfalls ganz oder in einzelnen Punkten **selbst formulieren** *(LAG Düsseldorf 21.08.1973, DB 1973, 1853)*. Es ist dann Sache des Gerichts, das Begehren zu prüfen und ggf. das Zeugnis selbst in einzelnen Punkten oder insgesamt neu zu verfassen.

Hat der Arbeitnehmer das Zeugnis zu Recht nicht als Erfüllung angenommen, so ist der Arbeitgeber bei der Erstellung des neuen Zeugnisses **nicht berechtigt**, das Verhalten **schlechter** zu beurteilen als in dem zunächst erteilten Zeugnis. Anderes gilt dann, wenn dem Arbeitgeber **nachträglich Umstände** bekannt geworden sind, die das Verhalten des Arbeitnehmers in einem anderen Licht erscheinen lassen *(BAG 21.06.2005, EzA § 109 GewO Nr. 4.*

## 7.4 Beweislast des Arbeitgebers

Der Arbeitgeber muss die Tatsachen darlegen und beweisen, die der Zeugniserteilung und der darin enthaltenen Bewertung zugrunde liegen *(BAG 25.10.1967, EzA § 73 HGB Nr. 1)*. Hier reichen allgemeine Angaben zur Rechtfertigung einer schlechten Beurteilung (bspw. »der Arbeitnehmer hat das Arbeitspensum nicht bewältigt« oder »es traten häufig Arbeitsrückstände auf« etc.) nicht aus. Der Arbeitgeber muss möglichst genau darlegen, welche Vorkommnisse zum Anlass für die schlechte Beurteilung genommen worden sind. Gerade bei einer längeren Zeitspanne kann der Arbeitgeber seiner Darlegungspflicht nur nachkommen, wenn bereits während des Arbeitsverhältnisses Zwischenbeurteilungen vorgenommen und diese schriftlich festgehalten worden sind. Werden die vorgebrachten Umstände vom Arbeitnehmer bestritten, muss der Arbeitgeber durch Zeugen (Vorarbeiter, Meister, andere Arbeitnehmer) die vorgebrachten Tatsachen beweisen.

Abschließend geklärt worden ist jetzt auch die bis dato offene Frage der Darlegungs- und Beweislast für eine vom Arbeitnehmer **angestrebte Verbesserung der Beurteilung** nach Erteilung eines **zumindest durchschnittlichen Zeugnisses**.

Vor dem Hintergrund der allgemeinen Regelungen der zivilprozessualen Darlegungs- und Beweislast (§ 138 Abs. 2 ZPO) ist von folgenden Grundsätzen auszugehen:

- Hat der Arbeitnehmer eine **durchschnittliche Leistung** im Zeugnis bescheinigt bekommen und will er eine **gute Benotung**, muss **er zunächst aus seiner Sicht die Tatsachen schlüssig darlegen**, die eine gute Benotung rechtfertigen. Es ist dann Sache des Arbeitgebers, diese Tatsachen zu erschüttern oder darzulegen, dass er trotz dieser Umstände seinen **Beurteilungsspielraum** bei der Benotung nicht überschritten hat (*BAG 14.10.2003, EzA § 109 GewO Nr. 1).*
- Liegt eine **überdurchschnittliche Leistungsbeurteilung** vor und begehrt der Arbeitnehmer eine weitere Verbesserung im Sinne einer Bestbenotung, so muss dessen Tatsachenvortrag zur Rechtfertigung dieser Spitzenbenotung letztlich so eindeutig und überzeugend sein, dass aus Sicht des Gerichts der **Arbeitgeber trotz seines Beurteilungsspielraums keine andere Wahl gehabt hat, als die Bestnote zu vergeben** (so auch *LAG Frankfurt a.M. 06.09.1991, EzA § 630 BGB Nr. 14 und jetzt auch BAG 14.10.2003, EzA § 109 GewO Nr. 1*).

## 7.5 Streitwert

Der Streitwert, aufgrund dessen sich anteilig die Gerichts- und ggf. Anwaltskosten bemessen, beträgt (im Regelfall) bei der Klage auf Zeugniserteilung oder -berichtigung ein Bruttomonatsgehalt. Auf den Umfang der vom Arbeitnehmer verlangten Änderung kommt es nicht an *(BAG 20.02.2001, EzA § 630 BGB Nr. 23).*

# 8 Kann der Arbeitgeber für eine unrichtige Zeugniserteilung auf Schadensersatz in Anspruch genommen werden?

## 8.1 Haftung gegenüber dem Arbeitnehmer

Verletzt der Arbeitgeber schuldhaft seine arbeitsvertragliche Pflicht, dem Arbeitnehmer ein wahrheitsgemäßes Zeugnis auszustellen oder wird das Zeugnis verspätet erteilt, so haftet er dem Arbeitnehmer auf **Schadensersatz**. Der zu ersetzende **Schaden** besteht regelmäßig in dem **Verdienstausfall**, den der Arbeitnehmer dadurch erleidet, dass er wegen des fehlenden oder unrichtig erteilten Zeugnisses keine neue Arbeitsstelle findet oder zu schlechteren Bedingungen eingestellt wird. Allerdings muss der **Arbeitnehmer** diesen Schadensverlauf beweisen. Angesichts der vielfältigen Ursachen, auf denen die Nichteinstellung beruhen kann, wird dieser Nachweis wohl nur in Ausnahmefällen gelingen.

## 8.2 Haftung gegenüber neuem Arbeitgeber

Auch gegenüber einem nachfolgenden Arbeitgeber kommt grundsätzlich eine Haftung für ein dem Arbeitnehmer falsch ausgestelltes Zeugnis in Betracht.

Eine sittenwidrige Schädigung, die zum Schadensersatz verpflichtet, liegt z.B. vor, wenn ein Arbeitgeber eine Unterschlagung des Arbeitnehmers verschweigt und diesem bescheinigt, er habe seine Stelle »voll ausgefüllt und die übertragenen Aufgaben zur Zufriedenheit« erledigt (*BGH 22.09.1970, AP Nr. 16 zu § 826 BGB*).

Der Arbeitgeber muss bei der Formulierung eines Zeugnisses immer dann **vorsichtig** sein, wenn der Arbeitnehmer während des Arbeitsverhältnisses eine **strafbare Handlung** begangen hat. Hier ist zu beachten, dass die Wahrheitspflicht bei der Zeugniserteilung oberster Grundsatz ist!

Wird die **Unrichtigkeit** des ausgestellten Zeugnisses dem Arbeitgeber erst **nachträglich bekannt**, so ist der Arbeitgeber gehalten, den **neuen Arbeitgeber auf die Unrichtigkeit des Zeugnisses hinzuweisen**, wenn es aus nachträglicher Sicht **grob unrichtig** ist und ein Dritter durch Vertrauen auf die im Zeugnis gemachten Aussagen Schaden nehmen könnte. Dies gilt auch dann, wenn ihn bei Erteilung des Zeugnisses kein Verschulden traf.

Die Rechtsprechung (*BGH 15.05.1979, EzA § 630 BGB Nr. 10*) steht allgemein auf dem Standpunkt, dass der Aussteller eines Zeugnisses gegenüber dem zukünftigen Arbeitgeber eine **nach Treu und Glauben unerlässliche Mindestgewähr für die Richtigkeit des Zeugnisses** übernehme. Daraus ergibt sich umgekehrt eine **Berichtigungspflicht** des Ausstellers gegenüber dem neuen Arbeitgeber, deren Verletzung zu einem Schadensersatzanspruch führt, wenn er

- **bewusst ein unrichtiges Zeugnis** erteilt hat, sofern die Unrichtigkeit einen Punkt betrifft, der die **Verlässlichkeit des Arbeitnehmers im Kern** berührt
- oder bei einem zunächst **unbewusst** falsch ausgestellten Zeugnis später dessen **grobe Unrichtigkeit** erkennt und ihm eine Unterrichtung des neuen Arbeitgebers **zuzumuten** ist (insbes. die nachträgliche Kenntnis von einer strafbaren Handlung).

Dies **gilt nicht**, wenn die Unrichtigkeit auf **bloßer Nachlässigkeit** beruht: Der Zeugnisaussteller muss zumindest die **Unrichtigkeit des Zeugnisses** (bei oder nach der Ausstellung) **klar erkannt** haben, auch wenn danach bereits das fahrlässige Unterlassen der Unterrichtung des neuen Arbeitgebers für eine Haftung ausreichen kann.

# 9 Was ist bei einer Auskunft über einen ausgeschiedenen Arbeitnehmer an einen Folgearbeitgeber zu beachten?

Häufig hat der Arbeitgeber bei Bewerbungen den Wunsch, zusätzliche Informationen neben dem Zeugnis zu erhalten. Dies gilt insbesondere, je mehr sich das Lesen von Zeugnissen durch die Verwendung von mehrdeutigen Formulierungen und Floskeln zu einer »Geheimwissenschaft« entwickelt. Aufgrund der im Arbeitsverhältnis geltenden Fürsorgepflicht ist der Arbeitgeber verpflichtet, bereits vor Abschluss eines Arbeitsvertrages auf die berechtigten Interessen eines Bewerbers Rücksicht zu nehmen. Es versteht sich daher von selbst, dass aus dem sicher legitimen Interesse des Arbeitgebers an weiteren Auskünften dem Bewerber keine ungerechtfertigten Nachteile erwachsen dürfen.

## 9.1 Auskunftsersuchen durch den Bewerbungsempfänger

Ein solcher Nachteil kann sich schon allein aus dem Auskunftsersuchen des Bewerbungsempfängers ergeben, nämlich dann, wenn der Arbeitnehmer sich aus einem **ungekündigten Arbeitsverhältnis** heraus beworben hat. Eine Auskunft beim derzeitigen Arbeitgeber sollte in einem solchen **Fall nur mit Zustimmung des Bewerbers** eingeholt werden. Umgekehrt ist der Umstand, dass der Bewerber auf sein ungekündigtes Arbeitsverhältnis ausdrücklich hinweist oder sich in sonstiger Weise, etwa aus der Korrespondenz mit dem Bewerber oder aus einem Vorstellungsgespräch ergibt, dass er sich in einem ungekündigten Arbeitsverhältnis befindet, ausreichend, um beim gegenwärtigen Arbeitgeber **zunächst keine Auskunft** einzuholen.

Wendet sich der Bewerbungsempfänger trotzdem an den derzeitigen Arbeitgeber und entsteht dem Bewerber hierdurch ein Schaden, so ist der Bewerbungsempfänger auch dann zum Schadensersatz verpflichtet, wenn kein Arbeitsvertrag zustande kommt.

## 9.2 Auskunftserteilung durch den bisherigen Arbeitgeber

### 9.2.1 Auf Wunsch des Arbeitnehmers

Neben der Pflicht des Arbeitgebers, ein Zeugnis auszustellen, ist dieser unter dem Gesichtspunkt der nachvertraglichen Fürsorgepflicht auch dazu verpflichtet, auf Wunsch des Arbeitnehmers einem Dritten, mit dem er in Verhandlung über den Abschluss eines Arbeitsvertrages steht, in bestimmtem Umfang mündlich, fernmündlich oder schriftlich Auskünfte über dessen Leistungen und Verhalten zu erteilen (LAG Berlin *08.05.1989, EzA § 242 BGB Auskunftspflicht Nr. 2*). Die in diesem Zusammenhang gegebenen Auskünfte müssen wahr sein. Sie dürfen **über den Inhalt des erteilten qualifizierten Zeugnisses nicht hinausgehen**. So verletzt der Arbeitgeber das allgemeine Persönlichkeitsrecht des Arbeitnehmers, wenn er dessen Personalakten einem Dritten ohne Wissen des Betroffenen zugänglich macht und diesem dadurch u.a. auch Einblick in den bisherigen Arbeitsvertrag verschafft (*BAG 18.12.1984, EzA § 611 BGB Persönlichkeitsrecht Nr. 2*).

Entspricht die Auskunft der Wahrheit, so kann diese auch dann gegeben werden, wenn sie dem Arbeitnehmer schadet.

### 9.2.2 Auf Wunsch des Bewerbungsempfängers

Praktisch wichtiger sind die Fälle, in denen Arbeitgeber über Arbeitnehmer auf Wunsch eines Bewerbungsempfängers Auskünfte erteilen sollen, **von denen der Bewerber nichts weiß. Auch ohne Zustimmung** und sogar gegen **den Wunsch des Arbeitnehmers** ist der bisherige Arbeitgeber **grundsätzlich berechtigt, wahrheitsgemäße Auskünfte** über die Person und das während des Arbeitsverhältnisses gezeigte Verhalten des Arbeitnehmers zu geben *(BAG a.a.O.)*.

Auch insoweit gilt aber, dass das Auskunftsrecht grundsätzlich nicht über den Inhalt des qualifizierten Zeugnisses hinausgeht und der Arbeitgeber für falsche Auskünfte auf Schadensersatz haftet.

Das **Recht besteht nicht**, wenn der Arbeitgeber darauf in einer Vereinbarung mit dem Arbeitnehmer **verzichtet** hat, was oftmals in Vergleichen vor dem Arbeitsgericht geschieht. Auch bestehen gegen Vereinbarungen keine Bedenken, die das **Recht inhaltlich beschränken** (*LAG Hamburg 16.08.1984, DB 1985, 284*).

Einigkeit besteht darüber, dass der **bisherige Arbeitgeber nicht verpflichtet** ist, einem entsprechenden Auskunftsersuchen nachzukommen. Wird ein Auskunftsersuchen ohne Zustimmung des Arbeitnehmers zurückgewiesen, sollte die Ablehnung begründet werden, um dem Nachfragenden keinen Anlass für falsche Schlussfolgerungen zu geben. Hat der Arbeitgeber eine Auskunft über den Arbeitnehmer erteilt, so muss er in der Regel dem ausgeschiedenen Arbeitnehmer **auf Verlangen den Inhalt der Auskunft bekannt geben**.

## 9.3 Haftung bei Auskunftserteilung

Die Haftung richtet sich nach den **gleichen Grundsätzen wie bei der Zeugniserteilung**. Unrichtige Auskünfte können auch **hier Schadensersatzansprüche** in Höhe des beim neuen Arbeitgeber entgangenen Verdienstes begründen, wenn aufgrund der Auskunft von der Einstellung Abstand genommen wurde. Enthält die Auskunft des Arbeitgebers nicht nur Tatsachen, die selbstverständlich wahr sein müssen, sondern auch eine **Beurteilung und Bewertung**, insbesondere des Temperaments und des Charakters des Arbeitnehmers, so muss jedoch berücksichtigt werden, dass diese notwendig subjektiv sind und von den Anforderungen und Maßstäben bestimmt werden, die der Arbeitgeber an seinc Arbeitnehmer stellt und die bei jedem Arbeitgeber zwangsläufig anders sind. Derartige Bewertungen können nur dann vom Gericht beanstandet werden, wenn sie den Rahmen des pflichtgemäßen Ermessens überschreiten, d.h. subjektiv unrichtig und von Vorurteilen und Voreingenommenheit geprägt sind.

Im Rahmen der **Beweislast** stellen sich für den Arbeitnehmer weitgehend dieselben Probleme wie bei der Geltendmachung eines Schadensersatzes wegen fehlerhafter Zeugniserteilung. Er muss darlegen und beweisen, dass der potentielle Arbeitgeber bereit gewesen wäre, ihn einzustellen und nur wegen der unrichtigen Auskunft davon Abstand genommen hat.

Neben der Geltendmachung von Schadensersatzansprüchen kann der Arbeitnehmer auf Beseitigung der **Beeinträchtigung durch Widerruf der Auskunft, bei Wiederholungsgefahr auch auf Unterlassung klagen.**

# 10 Checkliste und Muster für die Zeugniserteilung

Der Gesetzgeber unterscheidet nur zwischen zwei Zeugnisarten, nämlich dem einfachen und dem qualifizierten Zeugnis. Das auf Verlangen des Arbeitnehmers ausgestellte **qualifizierte Zeugnis** unterscheidet sich vom einfachen dadurch, dass es sich **zusätzlich** auf **Leistung** und **Verhalten** des Arbeitnehmers im Arbeitsverhältnis erstreckt (der in § 630 Abs. 1 S. 2 BGB verwendete Begriff „Führung“ wurde in § 109 Abs. 1 S. 3 GewO durch den Begriff „Verhalten“ ersetzt; des weiteren wurde der Begriff „Dienstverhältnis gegen „Arbeitsverhältnis“ ausgetauscht; zu weiteren Einzelheiten vgl. unten den Pkt. „gesetzliche Regelungen“). Welche Grundelemente jedes qualifizierte Zeugnis enthalten muss, ist gesetzlich nicht abschließend geregelt und durch die Rechtsprechung nur ansatzweise geklärt. In der einschlägigen Literatur und in der betrieblichen Praxis ist jedoch insbesondere im Hinblick auf bestimmte Mindestmerkmale der Leistungs- und Verhaltensbeurteilung eine weitgehende Übereinstimmung erkennbar. Die Checklisten und die Musterzeugnisse sind insoweit als Orientierungshilfen zu verstehen. Nicht in jedem Zeugnis müssen alle in der Checkliste genannten Punkte ausführlich behandelt werden. So ist es bspw. bei der Leistungsbeurteilung durchaus üblich und zulässig, einzelne der genannten Punkte zusammenzufassen. Auch gehen die Beschreibung des Arbeitsplatzes und des Aufgaben- und Verantwortungsbereichs regelmäßig in einander über. Schließlich hat der Zeugnisaussteller in jedem Einzelfall zu prüfen, mit welchen Formulierungen und Bewertungen er den Anforderungen des Zeugnisempfängers individuell gerecht wird.

**Checkliste für die Zeugniserteilung**

Bestandteile und Aufbau des einfachen und qualifizierten Zeugnisses, unter Berücksichtigung der zusätzlichen Besonderheiten von Zwischen-, vorläufigem und Ausbildungszeugnis.

| **Firmenbogen**<br>wenn geschäftsüblich; sonst mit PC oder maschinenschriftlich; eine Zeugniserteilung in elektronischer Form ist ausgeschlossen | | | **Vgl. Muster** |
|---|---|---|---|
| • Firmenbriefkopf | | • Angaben zum Arbeitgeber | |
| **Überschrift** | | | **1** |
| **Ausbildungszeugnis** | **Zeugnis** | **Zwischenzeugnis** | |

| | **Einleitung** | | **2** |
|---|---|---|---|
| • Personalien des Arbeitnehmers<br>• Akademische Titel | • Beschäftigungsdauer<br>• Umfang der Beschäftigung | • Berufs-/ Positionsbezeichnung | |
| | ***Besonderheiten Ausbildungszeugnis*** | | **A** |
| | • *Ausbildungsberuf/-ziel* | | |
| | **Tätigkeitsbeschreibung** | | **3** |
| • Arbeitsplatz<br>• Funktion<br>• Aufgaben- und Verantwortungsbereich | • Aufgabenschwerpunkte<br>• Aufgabenwechsel<br>• Zusätzliche Aufgaben | • Spezialaufgaben | |
| | ***Besonderheiten Ausbildungszeugnis*** | | **A** |
| • *durchlaufene Ausbildungsstationen* | • *erworbene Kenntnisse und Fähigkeiten* | • *Berufsschulbesuch* | |
| NUR FÜR QUALIFIZIERTES ZEUGNIS: | **Leistungsbeurteilung** | | **4** |
| • Leistungsbereitschaft (Wollen)<br>• Arbeitsbefähigung (Können) | • Arbeitsweise (Stil)<br>• Arbeitsergebnis (Erfolg) | • Fachkenntnisse<br>• Weiterbildung | |
| | **Herausragende Erfolge** | | |
| • Arbeitnehmererfindungen | | • Verbesserungsvorschläge | |
| | ***Besonderheiten beim Ausbildungszeugnis*** | | **A** |
| • *Ausbildungsbereitschaft und -befähigung* | • *Lern- und Arbeitsweise* | • *Lernerfolge* | |
| | • Zusammenfassende Leistungsbeurteilung | | |

| Führungsumstände und -erfolg bei Vorgesetzten | | | |
|---|---|---|---|
| • Zahl der Mitarbeiter | • Delegation von Verantwortung<br><br>• Zusammenfassende Führungsbeurteilung | • Motivation und Förderung von Untergebenen | |
| NUR FÜR QUALIFIZIERTES ZEUGNIS: | **Verhalten im Arbeitsverhältnis** | | **5** |
| • Vorgesetzte | • Mitarbeiter | • Dritte | |
| ***Besonderheiten beim Ausbildungszeugnis*** | | | **A** |
| • *Ausbilder* | • *andere Auszubildende* | | |
| | • Zusammenfassende Verhaltensbeurteilung | | |
| | **Schlussabsatz** | | **6** |
| • Beendigungsmodalität | | • Beendigungsformel | |
| ***Besonderheiten beim Ausbildungszeugnis*** | | | **A** |
| • *Erreichen des Ausbildungsziels* | • | • *Übernahme nach der Ausbildung* | |
| **Besonderheiten beim Zwischenzeugnis** | | | **Z** |
| | • Grund für die Erteilung | | |

**Ort,**

**Ausstellungsdatum**

**Unterschrift**

## Muster eines einfachen Zeugnisses

| | Firma ______________ |
|---|---|
| **1** | **Zeugnis** |
| **2** | Herr/Frau ___________ geboren am _______ in ________, war vom _________ bis zum _________ als _________________ in unserem Unternehmen tätig. |
| **3** | Herr/Frau ________ arbeitete in der ________-Produktion und hatte alle anfallen den Arbeiten an der ___________-Maschine auszuführen. Insbesondere zählten hierzu ___________.<br><br>**[Alternativ:]**<br><br>Er/Sie führte folgende Arbeiten durch:<br><br>1. ______________<br><br>2. ______________<br><br>3. ______________<br><br>In Spitzenzeiten mit hoher Kundennachfrage übernahm Herr/Frau ________ zusätzliche Aufgaben, z.B. ___________. |
| **4** | Das Arbeitsverhältnis endete mit dem heutigen Tag aufgrund ordentlicher Kündigung von Herrn/Frau ______________.<br><br>Ort, Datum Unterschrift |

## Muster eines qualifizierten Zeugnisses

## (überdurchschnittliche Beurteilung)

| | Firma ______________ |
|---|---|
| **1** | **Zeugnis** |
| **2** | Herr/Frau ___________ geboren am _______ in ________, war vom _________ bis zum _________ als _________________ in unserem Unternehmen tätig. |
| **3** | Sein/Ihr Aufgaben- und Verantwortungsbereich umfasste in der Hauptsache _____________________.<br><br>Zusätzlich bearbeitete er/sie ______________.<br><br>Im Vertretungsfall übernahm Herr/Frau __________ außerdem ___________. |

| | |
|---|---|
| | **[Bei Tätigkeiten in verschiedenen Bereichen:]**<br>Sein/Ihr Aufgabengebiet umfasste zunächst ___________.<br>Am _________ wurde Herr/Frau __________ in die Abteilung ______________ versetzt. Dort nahm er/sie folgende Aufgaben wahr: ________________. |
| **4** | Herr/Frau ______________ zeigte stets Initiative und eine hohe Motivation. Bereits nach kurzer Einarbeitungszeit arbeitete er/sie vollkommen selbständig und bewältigte auch neue Aufgaben aufgrund seines/ihres fundierten Fachwissens immer zu verlässig und exakt. Die Arbeitsergebnisse von Herrn/Frau waren stets überdurchschnittlich. Insgesamt hat Herr/Frau _____________ die ihm übertragenen Aufgaben stets zu unserer vollen Zufriedenheit erledigt. |
| **5** | Sein/Ihr Verhalten gegenüber Vorgesetzten und Mitarbeitern war einwandfrei. Von unseren Kunden wurde er/sie wegen seiner/ihrer Zuvorkommendheit sehr geschätzt. |
| **6** | Herr/Frau _________ verlässt unseren Betrieb auf eigenen Wunsch, um ________. Mit ihm/ihr verlieren wir eine engagierte und tüchtige Fachkraft. Wir danken Herrn/ Frau_________ für die stets gute Arbeitsleistung und wünschen ihm/ihr für die berufliche und persönliche Zukunft alles Gute.<br>Ort, Datum Unterschrift |

## Muster eines qualifizierten Ausbildungszeugnisses

## (überdurchschnittliches Ausbildungsergebnis)

| | |
|---|---|
| | Firma _______________ |
| 1 | **Ausbildungszeugnis** |
| 2A | Herr/Frau _____________ geboren am ________in ________, ist in unserem Unternehmen vom ________ bis _______ zum __________________ ausgebildet worden. |
| 3A | Im Verlauf seiner/ihrer Ausbildung wurde Herr/Frau in die Arbeiten der Abteilungen ________________<br>eingeführt. Herr/Frau erhielt entsprechend der Ausbildungsordnung für _______________ fundierte Kenntnisse<br>in den Bereichen _______________.<br>Während seiner/ihrer Ausbildung besuchte Herr/Frau_____________ die Berufs schule sowie den ergänzenden Unterricht in unserem Hause. |

| | |
|---|---|
| 4A | Herr/Frau _____________ verfügt über eine gute Auffassungsgabe und folgte so wohl der praktischen als auch theoretischen Ausbildung stets mit großem Eifer.<br>Er/Sie beherrscht alle Fertigkeiten und Kenntnisse eines/einer _________________ gut.<br>Insgesamt waren wir mit den Leistungen von Herrn/Frau _____________ stets voll zufrieden. |
| 5A | Sein/Ihr Verhalten gegenüber Vorgesetzten, Ausbildern, Mitarbeitern und den an deren Auszubildenden war stets einwandfrei. Dieses gilt ebenso für das Verhalten gegenüber unseren Kunden. |
| 6A | Herr/Frau legte am_________________ vor der Industrie- und Handelskammer _________ die Abschlussprüfung mit der Note gut ab.<br>Nach Beendigung der Ausbildung haben wir Herrn/Frau als _____________ wunschgemäß in die _____________ Abteilung übernommen.<br>Ort, Datum Unterschrift |

## Muster eines qualifizierten Zwischenzeugnisses

## (überdurchschnittliche Bewertung)

| | |
|---|---|
| | Firma _______________ |
| 1 | **Zwischenzeugnis** |
| 2Z | Herr/Frau ____________ geboren am ________in _________, ist seit dem ______ in unserem<br>Betrieb als ____________ tätig |
| 3 | Sein/Ihr Aufgaben- und Verantwortungsbereich gliedert sich wie folgt:<br>__________ ,<br>__________ ,<br>__________.<br>Dabei liegen die Schwerpunkte in der Bearbeitung der __________ .<br>Zusätzlich ist Herr/Frau _________ verantwortlich für _________ . |
| 4 | Herr/Frau zeigt stets von sich aus Initiative und Einsatzbereitschaft. Er/Sie verfügt über eine große<br>Berufserfahrung und beherrscht sein/ihr Arbeitsgebiet umfassend und sicher. Herr/Frau _______ arbeitet selbständig und erfüllt seine/ihre Aufgaben jeder- |

| | |
|---|---|
| | zeit zuverlässig und exakt.<br>Seine/ihre Arbeitsergebnisse übertreffen daher deutlich die gestellten Anforderungen. Das Fachwissen von<br>Herrn/Frau _______ ist fundiert und entspricht dem technisch neuesten Stand. Mit den bislang in unserem<br>Betrieb von Herrn/Frau ______ erbrachten Leistungen sind wir stets voll zufrieden gewesen. |
| 5 | Sein/Ihr Verhalten gegenüber Vorgesetzten, Mitarbeitern und unseren Kunden ist ebenfalls als in jeder<br>Hinsicht vorbildlich zu bewerten. |
| 6Z | Herr/Frau _________ wird dieses Zwischenzeugnis auf seinen/ihren Wunsch anlässlich<br>seiner/ihrer Versetzung nach________ ausgestellt.<br>Ort, Datum Unterschrift |

| ABC des Zeugnisrechts | |
|---|---|
| **Anspruch auf Zeugniserteilung** | Jeder Arbeitnehmer hat bei Beendigung des Arbeitsverhältnisses Anspruch auf ein schriftliches Zeugnis über Art und Dauer seiner Tätigkeit (»einfaches Zeugnis«). Auf sein Verlangen ist in das Zeugnis zusätzlich eine Leistungs- und Verhaltensbeurteilung im Arbeitsverhältnis aufzunehmen (»qualifiziertes Zeugnis«). Für den Zeugnisanspruch ist die Art des Beschäftigungsverhältnisses unerheblich (Voll-, Teilzeit-, Haupt-, Nebenbeschäftigung, Probe- oder Praktikantenarbeitsverhältnis. |
| **Arbeitnehmer, arbeitnehmerähnliche Personen** | Einen Anspruch auf Zeugniserteilung haben nur Arbeitnehmer sowie die diesen gleichstellte Personen- gruppen (»arbeitnehmerähnliche Personen«. |
| **Aufhebungsvertrag** | Ein Anspruch auf Zeugniserteilung besteht auch nach einvernehmlicher Beendigung des Arbeitsver- hältnisses. |
| **Ausbildungszeugnis** | Nach Abschluss des Berufsausbildungsverhältnisses hat der Ausbildende nach § 16 Abs.1 Satz 1 BBiG dem Auszubildenden auch ohne dessen ausdrückliches Verlangen ein Zeugnis aus zustellen (»einfaches Ausbildungszeugnis«). Dieses muss An gaben enthalten über die Art, Dauer und das Ziel der Berufsausübung sowie über die erworbenen Fähigkeiten. Auf Verlangen des Auszubildenden ist zusätzlich eine Verhaltens- und Leistungsbeurteilung mit aufzunehmen (»qualifiziertes Ausbildungszeugnis«. |

| | |
|---|---|
| **Auskunftserteilung** | Auf Wunsch des Arbeitnehmers ist der Arbeitgeber neben seiner Pflicht zur Zeugniserteilung auch zur Auskunftserteilung gegenüber einem möglichen neuen Arbeitgeber verpflichtet. Die in diesem Zusammenhang gegebenen Auskünfte müssen wahr sein. Sie dürfen über den Inhalt eines erteilten qualifizierten Zeugnisses nicht hinausgehen. Nach Auffassung des BAG ist eine solche Auskunftserteilung auch allein auf Wunsch des möglichen neuen Arbeitgebers ohne Zustimmung und sogar gegen den Wunsch des Arbeitnehmers zulässig. |
| **Ausschlussfrist, tarifvertragliche** | Bestehen tarifliche Ausschlussfristen, fällt auch der Zeugnisanspruch als Anspruch aus dem Arbeitsverhältnis unter diese Fristen. Ausschlussklauseln können nach der Rechtsprechung auch im Einzelvertrag gesondert vereinbart werden, solange die Grenze der Sittenwidrigkeit nicht überschritten wird. Daneben kann die Geltendmachung des Zeugnisanspruchs durch Verjährung, Verwirkung oder Verzicht ausgeschlossen sein. |
| **Ausstellungsdatum** | Ausstellungsdatum des Zeugnisses ist grundsätzlich das Datum des Ausstellungstages, nicht das des tatsächlichen oder rechtlichen Endes des Arbeitsverhältnisses. Wird ein Arbeitszeugnis später berichtigt, behält dieses das ursprüngliche Datum, sofern die verspätete Erteilung nicht vom Arbeitnehmer zu vertreten ist. |
| **Beendigungsgrund, Beendigungsmodalität** | Der Grund der Beendigung des Arbeitsverhältnisses darf nur auf Wunsch des Arbeitnehmers in das Zeugnis aufgenommen werden. Gleiches gilt für die Beendigungsmodalität, also die Art der Kündigung (ordentliche, außerordentliche) und die Frage, von welcher Seite die Kündigung erklärt wurde. |
| **»Beredtes Schweigen«** | Bedeutet eine negative Beurteilung dadurch zum Ausdruck zu bringen, dass an einer Stelle im Zeugnis, wo nach der Verkehrsanschauung mit einer Aussage gerechnet wird (Ehrlichkeit von Handlungsgehilfen, Kassierern, Verkäufern, Loyalität von Sekretärinnen etc.) Aussagen weggelassen werden. Der kundige Leser des Zeugnisses folgert zum Nachteil des Betreffenden das Nichtvorliegen der erwarteten Eigenschaft. |
| **Betriebsratstätigkeit** | Eine Tätigkeit des Arbeitnehmers im Betriebsrat ist grundsätzlich nur auf dessen Verlangen ins Zeugnis aufzunehmen. Auch Umschreibungen oder Andeutungen der Arbeitnehmervertretung sind nicht zulässig. |
| **Betriebsübergang** | Ab dem Zeitpunkt eines Betriebsübergangs nach §613 a BGB richtet sich der Zeugnisanspruch gegen den neuen Arbeitgeber. |
| **Beurteilungsspielraum des Arbeitgebers** | Der Arbeitgeber hat bei der Leistungs- und Verhaltensbeurteilung des Arbeitnehmers im Arbeitsverhältnis einen Beurteilungsspielraum. Dieser ist gerichtlich dahingehend überprüfbar, ob willkürliche oder überzogene Maßstäbe der Bewertung zugrunde gelegt worden sind. Im Streitfall muss grundsätzlich der Arbeitgeber die Tatsachen darlegen und beweisen, die der Zeugniserteilung und der Bewertung zugrunde gelegt worden sind. Dies gilt ohne Einschränkung für den Fall, dass dem Arbeitnehmer im Zeugnis eine unterdurchschnittliche Leistung bescheinigt worden ist. |

| | |
|---|---|
| **Dauer des Arbeitsverhältnisses** | Die Dauer des Arbeitsverhältnisses ist für das Entstehen des Zeugnisanspruchs grundsätzlich ohne Belang. Nach Sinn und Zweck des Zeugnisanspruchs ist allein entscheidend, dass das Arbeitsverhältnis für einen gewissen Zeitraum tatsächlich ausgeübt wurde. Bei sehr kurzen Zeiträumen (wenige Tage) kann die Pflicht des Arbeitgebers aber auf Erteilung eines einfachen Zeugnisses beschränkt sein. |
| **Einfaches Zeugnis** | Das einfache Zeugnis stellt ausschließlich eine Bestätigung des Arbeitgebers über die Art und Dauer der Beschäftigung dar. Nicht enthalten sind eine Leistungs- und Verhaltensbeurteilung des Arbeitnehmers im Arbeitsverhätnis. Zweck des einfachen Zeugnisses ist es, dem Arbeitnehmer bei einem Arbeitsplatzwechsel einen lückenlosen Nachweis über seine bisherige fachspezifische Tätigkeit zu ermöglichen. |
| **Erkrankung(en) des Arbeitnehmers** | Eine Erkrankung des Arbeitnehmers ist auch im Falle wiederholter und längerer Krankheitszeiten im Zeugnis grundsätzlich nicht zu erwähnen. |
| **Form** | Das Arbeitszeugnis ist schriftlich, üblicherweise maschinenschriftlich bzw. Textverarbeitungsprogramm zu erstellen. Es muss mit einem ordnungsgemäßen Briefkopf ausgestaltet sein, aus dem Name und Anschrift des Ausstellers erkennbar sind (selbst erstellt oder wenn geschäftsüblich auf offiziellem Firmenbogen). Die Zeugniserteilung in elektronischer Form ausgeschlossen ist. Die Person des Arbeitnehmers ist mit (soweit vorhanden) akademischem Grad bzw. öffentlichrechtlichem Titel, Berufsangabe, Vorname, Nachname (bei weiblichen Arbeitnehmern ggf. zusätzlich mit Mädchenname), Geburtsdatum und Geburtsort genau zu bezeichnen. Das Zeugnis darf keine nachträglichen Verbesserungen enthalten. Bei Schreibfehlern besteht grundsätzlich Anspruch auf Ausstellung eines neuen, fehlerfreien Zeugnisses. Das zweimalige Knicken eines Zeugnisses zum Zwecke des Postversands stellt keinen formalen Mangel dar. Die Textsprache ist deutsch, auch bei der Abfassung des Zeugnisses für einen ausländischen Arbeitnehmer. Das Zeugnis ist handschriftlich am Ende zu unterzeichnen. |
| **Verhaltensbeurteilung im Arbeitsverhältnis** | Das auf Wunsch des Arbeitnehmers auszustellende qualifizierte Zeugnis muss neben der Leistungsbeurteilung auch eine Verhaltensbeurteilung im Arbeitsverhältnis enthalten. Im Rahmen der Verhaltensbeurteilung ist das Sozialverhalten des Arbeitnehmers gegenüber Mitarbeitern und Vorgesetzten zu beurteilen. Zusätzlich ist bei leitenden Angestellten die Fähigkeit zum Führen von Untergebenen zu bewerten. Beurteilungsgrundlage ist nur das Verhalten während der Arbeitszeit. Verhalten außerhalb des Betriebs darf nur dann Berücksichtigung finden, wenn es auch das Verhalten während der Arbeitszeit beeinträchtigt hat. |
| **Geheimcode** | Der Arbeitgeber darf ein Zeugnis nicht mit Merkmalen versehen, die den Zeugnisempfänger in einer aus dem Wortlaut des Zeugnisses nicht ersichtlichen Weise kennzeichnen (Unterstreichungen, Anführungs-, Ausrufungs- oder Fragezeichen etc.). |

| | |
|---|---|
| **Geltendmachung des Zeugnisanspruchs** | Die Pflicht des Arbeitgebers zur Zeugniserteilung besteht nur, wenn der Arbeitnehmer einen entsprechenden Anspruch geltend macht. Dies gilt insbesondere für das qualifizierte Zeugnis, das nur »auf Verlangen« des Arbeitnehmers auszustellen ist (Ausnahme: Beendigung der Berufsausbildung). Eine Form für die Geltendmachung ist gesetzlich nicht vorschrieben. |
| **Haftung des Arbeitgebers** | Bei schuldhafter Pflichtverletzung (verspätete oder unrichtige Zeugniserteilung) kommt eine Schadensersatzhaftung des Arbeitgebers in Betracht: Gegenüber dem Arbeitnehmer etwa auf Ersatz des Schadens durch eine verspätete Einstellung; gegenüber einem nachfolgenden Arbeitgeber eine Haftung wegen vorsätzlicher, sittenwidriger Schädigung durch falsche Zeugnisausstellung. |
| **Holschuld** | Die Zeugnisschuld ist eine Holschuld, d.h. der Arbeitgeber muss das Zeugnis am Ort seiner gewerblichen Niederlassung zur Abholung bereithalten. Nur ausnahmsweise kann der Arbeitgeber aufgrund nachwirkender Fürsorgepflicht gehalten sein, das Zeugnis zu übersenden. |
| **Insolvenz des Arbeitgebers** | Bei Insolvenz des Arbeitgebers bleibt die Verpflichtung zur Zeugniserteilung für die Arbeitsverhältnisse bestehen, die noch vor Insolvenzeröffnung beendet worden sind. Ist ein Arbeitnehmer erst nach Insolvenzeröffnung aus dem Arbeitsverhältnis ausgeschieden, hat der Insolvenzverwalter den Zeugnisanspruch zu erfüllen. |
| **Leistungsbeurteilung** | Das auf Wunsch des Arbeitnehmers auszustellende qualifizierte Zeugnis muss neben der Verhaltensbeurteilung auch eine Leistungsbeurteilung enthalten. Unter den Begriff der Leistung fallen insbesondere Umstände wie das körperliche und geistige Leistungsvermögen, fachliches Wissen und Können, Leistungsbereitschaft, Arbeitsweise und Arbeitserfolg usw. Das Leistungsvermögen ist an einem Maßstab vergleichbarer Kräfte zu messen. Hinsichtlich der Bewertung der einzelnen Leistungsmerkmale hat der Arbeitgeber einen Beurteilungsspielraum. |
| **Mitbestimmung des Betriebsrats** | Der Betriebsrat hat kein Mitbestimmungsrecht nach dem BetrVG hinsichtlich des Inhalts von Zeugnissen. |
| **Qualifiziertes Zeugnis** | Ein qualifiziertes Zeugnis ist vom Arbeitgeber nur auf Verlangen des Arbeitnehmers auszustellen. Dieses unterscheidet sich vom einfachen Zeugnis dadurch, dass zusätzlich eine Leistungs- und eine Verhaltensbeurteilung im Arbeitsverhältnis (Beurteilung des Sozialverhaltens) mit aufzunehmen ist. Eine Beschränkung allein auf die Leistungs- oder die Verhaltensbeurteilung ist nicht möglich. |
| **Referenzzeugnis** | Empfehlungsschreiben eines Vorgesetzten auf persönlicher Ebene. Ein solches lässt den arbeitsvertraglichen Zeugnisanspruch des Arbeitnehmers unberührt. |

| | |
|---|---|
| **Schlussfloskel** | Floskel, in welcher der Arbeitgeber sein Bedauern über den Weggang sowie seine »Wünsche für die Zukunft« des aus scheidenden Arbeitnehmers zum Ausdruck bringt. Nach der nunmehr vorliegenden höchstrichterlichen Rechtsprechung (*BAG 20.02.2001, EzA §630 BGB Nr.23*) ist der Arbeitgeber gesetzlich nicht verpflichtet, das Arbeitszeugnis mit Formulierungen abzuschließen, in denen er dem Arbeitnehmer für die gute Zusammenarbeit dankt und ihm für die Zukunft alles Gute wünscht. Das BAG weist in der o.g. Entscheidung jedoch auf folgendes ausdrücklich hin: Im Schrifttum wird empfohlen, mit einer Schlussfloskel das Zeugnis abzuschließen und dadurch das im Zeugnis vom Arbeitnehmer gezeichnete Bild abzurunden. Die Schlussformulierung ist mithin nicht »beurteilungsneutral«, sondern grds. geeignet, die objektiven Zeugnisaussagen zum Verhalten und zur Leistung des Arbeitnehmers sowie die Angaben zum Beendigungsgrund zu bestätigen oder zu relativieren. Soweit der Arbeitgeber solche Schlussformulierungen verwendet, müssen diese mit dem übrigen Zeugnisinhalt im Einklang stehen. Ist das nicht der Fall, kann der Arbeitnehmer den Arbeitgeber auf Erteilung eines ordnungsgemäßen Zeugnisses in Anspruch nehmen. |
| **Straftaten während des Arbeitsverhältnisses** | Straftaten und -verfahren sind für ein Zeugnis nur dann relevant, wenn sie mit dem Arbeitsverhältnis in Verbindung stehen und ihr Vorliegen nachweisbar feststeht. In einem solchen Fall ist der Arbeitgeber verpflichtet, die Straftat bei der Beurteilung im Rahmen eines qualifizierten Zeugnisses zu berücksichtigen. |
| **Teilzeitbeschäftigte** | Der Zeugnisanspruch von teilzeitbeschäftigten Arbeitnehmern entspricht dem der Vollzeitbeschäftigten. |
| **Vergleich** | Wird in der Abgeltungsklausel eines gerichtlichen oder außer gerichtlichen Vergleiches der Zeugnisanspruch nicht ausdrücklich als mit erledigt genannt, wird er von dieser nicht erfasst. |
| **Verjährung, Verwirkung, Verzicht** | Der Zeugnisanspruch erlischt durch Erfüllung. Diese tritt dann ein, wenn dem Arbeitnehmer ein nach Form und Inhalt den gesetzlichen Vorschriften entsprechendes Zeugnis erteilt worden ist. Der Erfüllungsanspruch verjährt in 3 Jahren. Für die Praxis bedeutsamer sind regelmäßig jedoch die außerhalb von Erfüllung und Verjährung liegenden Erlöschenstatbestände durch Ausschlussklauseln, Verwirkung und Verzicht. |
| **Vertragsverletzung** | Ein arbeitsvertragswidriges Verhalten lässt den Zeugnisanspruch grundsätzlich unberührt. Dieses ist ggf. im Rahmen der Verhaltensbeurteilung zu berücksichtigen. Auch in diesem Fall hat der Arbeitnehmer aber Anspruch auf eine wohlwollende Formulierung. |
| **Vorläufiges Zeugnis und Endzeugnis** | Können sich bspw. während einer längeren Kündigungsfrist die für das Zeugnis maßgeblichen Umstände bis zum endgültigem Ausscheiden des Arbeitnehmers noch entscheidend ändern und will sich der Arbeitgeber daher eine abschließende Bewertung noch offen halten, kann er dem Verlangen nach einem qualifizierten Zeugnis zunächst mit einem »vorläufigen (qualifizierten) Zeugnis« nachkommen. Spätestens mit Ablauf der Kündigungsfrist oder bei seinem tatsächlichen Ausscheiden aus dem Betrieb ist dem Arbeitnehmer aber ein qualifiziertes Endzeugnis auszuhändigen. |

| | |
|---|---|
| **Wahrheitspflicht und Wohlwollen** | Oberster Grundsatz im Rahmen der Zeugniserteilung ist die Wahrheitspflicht: Sämtliche in das Zeugnis aufgenommenen Tatsachen müssen wahr sein. Nach der Rechtsprechung hat der Arbeitgeber das Zeugnis aber auch im Interesse des Arbeitnehmers, d.h. mit einem gewissen Wohlwollen, zu erstellen. Das Zeugnis ist aus der Sicht eines verständigen Arbeitgebers abzufassen und soll nicht durch Vorurteile oder Voreingenommenheit bestimmt sein, die ein Fortkommen des Arbeitnehmers unnötig erschweren. Im Rahmen der Zeugniserteilung dürfen daher auch negative Eigenschaften und Vorfälle nur in einer adäquaten Weise zum Ausdruck kommen. |
| **Wechsel zwischen den Zeugnisarten** | Ein qualifiziertes Zeugnis kann der Arbeitnehmer bis zur Grenze der Verwirkung auch dann noch verlangen, wenn er bereits ein einfaches Zeugnis erhalten hat. Ob im umgekehrten Fall der Arbeitnehmer nach Erhalt eines qualifizierten Zeugnisses noch Anspruch auf ein einfaches Zeugnis hat, ist höchstrichterlich nicht entschieden. Fürsorgegesichtspunkte sprechen jedoch dafür. |
| **Zeitpunkt der Zeugniserteilung** | Der Anspruch auf Zeugniserteilung entsteht bei Beendigung des Arbeitsverhältnisses. Im Fall der Kündigung tritt die Beendigung mit deren Zugang beim Kündigungsempfänger ein (Arbeitgeber oder Arbeitnehmer). Ab diesem Zeitpunkt muss der Arbeitgeber einem Zeugnisverlangen des Arbeitnehmers unverzüglich nachkommen, d.h. ohne schuldhaftes Zögern. Dies gilt unabhängig davon, ob es sich um eine ordentliche (befristete) oder außerordentliche (fristlose) Kündigung handelt. Auch im Fall des Vertragsbruches steht dem Arbeitnehmer ein Zeugnisanspruch zu. |
| **Zeugnisberichtigung** | Erteilt der Arbeitgeber ein Zeugnis, welches den formellen und/oder inhaltlichen Anforderungen nicht genügt, hat der Arbeitnehmer einen Anspruch auf Änderung bzw. Berichtigung des Zeugnisses. Die Rechtsprechung sieht in dem Änderungsverlangen die Geltendmachung des ursprünglichen Erfüllungsanspruchs. Die Berichtigung erfolgt durch Ausstellung eines neuen Zeugnisses. |
| **Zeugnissprache** | Redewendungen in Arbeitszeugnissen, die beim unkundigen Leser einen positiven Eindruck erwecken, erweisen sich für den verständigen Betrachter oftmals als negative Beurteilung. Die von der Rechtsprechung geforderte wohlwollende Zeugniserteilung hat dazu geführt, dass negative Wertungen vor allem bei der Leistungs- und Verhaltensbeurteilung hinter fein abgestuften positiven Formulierungen versteckt oder durch Auslassungen (»beredtes Schweigen«) an bestimmten Stellen impliziert werden. |
| **Zurückbehaltungsrecht** | Der Arbeitgeber darf die Zeugniserteilung nicht wegen noch bestehender Ansprüche gegen den Arbeitnehmer (bspw. einen Schadensersatzanspruch) verweigern. |
| **Zwischenzeugnis** | Als Zwischenzeugnis wird ein Zeugnis im ungekündigten Arbeitsverhältnis bezeichnet. Gesetzlich ist der Anspruch darauf nicht normiert. Oftmals geben tarifvertragliche Regelungen (bspw. § 35 Abs. 2 TVöD, vormals § 61 Abs.2 BAT) dem Arbeitnehmer einen entsprechen den Anspruch bei Vorliegen von »triftigen Gründen«. Nach der Rechtsprechung ist diese Floskel großzügig auszulegen. |

# 11 Weiterführende Literaturhinweise / Fundstellennachweise

**Literaturhinweise**

*Erfurter Kommentar zum Arbeitsrecht,* Dieterich, Müller-Glöge, Preis, Schaub (Hrsg.), 8. Aufl. 2008

*Fischer,* Das Arbeitszeugnis: Zankapfel, Gefälligkeitspapier oder Transferhilfe? FA 2004, 7 ff.

*Hümmerich,* Arbeitsrecht - Vertragsgestaltung, Prozessführung, § 3 Rn. 186 ff., 6. Aufl. 2007

*Kölsch,* Die Haftung des Arbeitgebers bei nicht ordnungsgemäßer Zeugniserteilung NZA 19985, 382 ff.

*Löw,* Aktuelle Rechtsfragen zum Arbeitszeugnis NJW 2005, 3605

2005, 330 ff.

*Popp,* **Bekanntgabe des Austrittgrunds in Arbeitszeugnissen, NZA 1997, 588**

*Roth,* **Das Arbeitszeugnis in der Praxis, 1. Aufl 2006, GDA, Berlin**

*Schleßmann,* **Das Arbeitszeugnis, 18. Aufl. 2007,**

*Schulz,* **Zur Auskunftserteilung unter Arbeitgebern über Arbeitnehmer NZA 1990, 717 ff.**

*Stiller,* **Der Zeugnisanspruch in der Insolvenz des Arbeitgebers, NZA 2005, 330 ff.**

*Weuster, Arnulf; Scheer, Brigitte,* **Arbeitszeugnisse in Textbausteinen, Boorberg Verlag 2007**

**Fundstellennachweise**

| | |
|---|---|
| AP | Arbeitsrechtliche Praxis (Nachschlagewerk des Bundesarbeitsgerichts) |
| DB | Der Betrieb (Zeitschrift), Verlagsgruppe Handelsblatt |
| EzA | Entscheidungssammlung zum Arbeitsrecht, Hrsg. Prof. Dr. Dr. h. c. Eugen Stahlhacke und Burghard Kreft, Wolters Kluwer Deutschland |

| | |
|---|---|
| LAGE | Entscheidungen der Landesarbeitsgerichte, Hrsg. Prof. Dr. Dr. h. c. Eugen Stahlhacke und Prof. Dr. Gert-Albert Lipke, Wolters Kluwer Deutschland |
| NJW | Neue Juristische Wochenzeitschrift, Verlag C. H. Beck |
| NZA | Neue Zeitschrift für Arbeitsrecht, Verlag C. H. Beck |
| NZA-RR | Neue Zeitschrift für Arbeitsrecht – Rechtsprechungs-Report, Verlag C. H. Beck |

# 12 Rechtsprechungsübersicht zur Zeugniserteilung (ABC)

**Auskunftserteilung an Folgearbeiter**

1. Der Arbeitgeber ist über die Pflicht zur Erteilung des Zeugnisses hinaus gehalten, im Interesse des ausgeschiedenen Arbeitnehmers Auskünfte über diesen an solche Personen zu erteilen, mit denen der Arbeitnehmer in Verhandlungen über den Abschluss des Arbeitsvertrages steht.
2. Der Arbeitgeber kann auch gegen den Willen des ausgeschiedenen Arbeitnehmers Auskünfte über diesen an solche Personen erteilen, die ein berechtigtes Interesse an der Erlangung einer solchen Auskunft haben.
3. Die Auskünfte des Arbeitgebers müssen richtig im Sinne einer wahrheitsgemäßen Zeugniserteilung sein.
4. Grundsätze zu 1-3 finden auch auf Behörden Anwendung, die Arbeitgeber sind. Eine Geheimhaltungspflicht besteht insoweit auch für Behörden nicht.

*BAG, Urteil v. 25.10.1957 – 1 AZR 434/55*

1. Auf Wunsch des Arbeitnehmers ist der Arbeitgeber Dritten gegenüber zur Auskunft über die Leistungen und sein Verhalten im bisherigen Arbeitsverhältnis verpflichtet.
2. Verletzt der Arbeitgeber diese seine nachvertragliche Pflicht rechtswidrig und schuldhaft, macht er sich gegenüber dem Arbeitnehmer schadensersatzpflichtig.
3. Der Arbeitnehmer ist darlegungs- und beweispflichtig für die Behauptung, wegen einer unrichtigen Auskunft einen neuen Arbeitsplatz nicht gefunden zu haben.

*LAG Berlin, Urteil vom 08.05.1989 - 9 Sa 21/89, LAGE § 242 BGB Auskunftspflicht Nr. 2*

**Auskunftserteilung, Schadensersatzanspruch**

1. Der Arbeitgeber verletzt das allgemeine Persönlichkeitsrecht des Arbeitnehmers, wenn er dessen Personalakten einem Dritten ohne Wissen des Betroffenen zugänglich macht. Das ist z. B. dann der Fall, wenn der Arbeitsvertrag und ein Personalkreditvertrag einem anderen

Arbeitgeber gezeigt werden, bei dem sich der Arbeitnehmer bewerben will.

2. Eine solche Rechtsverletzung begründet keinen Schmerzensgeldanspruch, wenn sie keinerlei Nachteile verursacht hat und aus der Sicht des Arbeitgebers auch den Interessen des Arbeitnehmers dienen sollte.

*Urteil des BAG vom 18. Dezember 1984 -- 3 AZR 389/83, EzA § 611 BGB Persönlichkeitsrecht Nr. 2*

**Ausstellung des Zeugnisses durch weisungsbefugten Vertreter des Arbeitgebers (1)**

Lässt sich ein Arbeitgeber bei der Ausstellung des Zeugnisses durch einen Angestellten vertreten, ist im Arbeitszeugnis deutlich zu machen, dass dieser Vertreter dem Arbeitnehmer gegenüber weisungsbefugt war. Ist der Arbeitnehmer direkt der Geschäftsleitung unterstellt gewesen, so ist das Zeugnis von einem Mitglied der Geschäftsleitung auszustellen, das auf seine Position als Mitglied der Geschäftsleitung hinweisen muss (Bestätigung und Fortführung von BAG 16. November 1995 - 8 AZR 983/94 - EzA BGB § 630 Nr. 20; 21. September 1999 - 9 AZR 893/98 - AP BGB § 630 Nr. 23 = EzA BGB § 630 Nr. 22).

*Urteil des BAG vom 26. Juni 2001 - 9 AZR 392/00, EzA § 630 BGB Nr. 24*

**Ausstellung des Zeugnisses durch weisungsbefugten Vertreter des Arbeitgebers (2)**

Auch im öffentlichen Dienst ist der Zeugnisanspruch eines Angestellten regelmäßig nur dann erfüllt, wenn das Zeugnis von einem ranghöheren Bediensteten unterschrieben ist. War der Angestellte als wissenschaftlicher Mitarbeiter tätig, ist das Zeugnis zumindest auch von einem der ihm vorgesetzten Wissenschaftler zu unterzeichnen. Eine von diesem Grundsatz abweichende behördeninterne Regelung der Zeichnungsbefugnis rechtfertigt keine Ausnahme.

*Urteil des BAG vom 4. Oktober 2005 - 9 AZR 507/04, EzA § 109 GewO Nr. 5*

**Beredtes Schweigen**

Soweit für eine Berufsgruppe oder in einer Branche der allgemeine Brauch besteht, bestimmte Leistungen oder Eigenschaften des Arbeitnehmers im Zeugnis zu erwähnen, ist deren Auslassung regelmäßig ein (versteckter) Hinweis für den Zeugnisleser, der Arbeitnehmer sei in diesem Merkmal unterdurchschnittlich oder allenfalls durchschnittlich zu bewerten (beredtes Schweigen). Der Arbeitnehmer hat dann Anspruch darauf, dass ihm ein ergänztes Zeugnis erteilt wird. Dies gebieten die Grundsätze von Zeugnisklarheit und Zeugniswahrheit.

Orientierungssätze der Richterinnen und Richter des BAG:

1. Nach dem Gebot der Zeugnisklarheit gem. § 109 II GewO muss das Zeugnis klar und verständlich formuliert sein. Es darf keine Formulierungen enthalten, die den Zweck haben, eine andere als aus der äußeren Form oder aus dem Wortlaut ersichtliche Aussage über den Arbeitnehmer zu treffen. Deshalb ist es unzulässig, ein Zeugnis mit geheimen Merkmalen oder unklaren Formulierungen zu versehen, durch die der Arbeitnehmer anders beurteilt werden soll, als dies im Zeugniswortlaut zum Ausdruck gebracht worden ist.
2. Auslassungen verstoßen gegen die Gebote von Zeugnisklarheit und Zeugniswahrheit, wenn durch sie bei Lesern des Zeugnisses der Wahrheit nicht entsprechende Vorstellungen entstehen können. Ein Zeugnis darf deshalb dort keine Auslassungen enthalten, wo der verständige Leser eine positive Hervorhebung erwartet.
3. Soweit für eine Berufsgruppe oder in einer Branche der allgemeine Brauch besteht, bestimmte Leistungen oder Eigenschaften des Arbeitnehmers im Zeugnis zu erwähnen, kann die Nichterwähnung (beredtes Schweigen) ein erkennbarer Hinweis für den Zeugnisleser sein. Der Arbeitnehmer hat daher Anspruch darauf, dass ihm ein entsprechend ergänztes Zeugnis erteilt wird.

*Urteil des BAG vom 12.8.2008, 9 AZR 632/07, NZA 2008, 1349*

**Bestnote „zur vollsten Zufriedenheit“**

Bewertet der Arbeitgeber im Zeugnis die einzelnen Leistungen des Arbeitnehmers ausnahmslos mit "sehr gut" und die Tätigkeit darüber hinaus als "sehr erfolgreich", so ist damit eine Gesamtbeurteilung mit der Schlußfolgerung, der Arbeitnehmer habe seine Aufgaben ”immer zu unserer vollen Zufriedenheit gelöst”, unvereinbar. Der sehr guten Leistung entspricht die zusammenfassende Beurteilung ”zur vollsten Zufriedenheit”.

*Urteil des BAG vom 23.09.1992 -- 5 AZR 573/91, EzA § 630 BGB Nr. 16*

**Beurteilungsspielraum des Arbeitgebers**

Es liegt dem Arbeitgeber ob, das Zeugnis zu formulieren. Er ist frei bei seiner Entscheidung, welche Leistungen und Eigenschaften seines Arbeitnehmers er mehr hervorheben oder zurücktreten lassen will. Das Zeugnis muss nur wahr sein und darf auch dort keine Auslassungen enthalten, wo der Leser eine positive Hervorhebung erwartet (etwa Ehrlichkeit eines Kassierers).

*Urteil des BAG vom 29. Juli 1971 -- 2 AZR 250/70, EzA § 630 BGB Nr. 1*

**Bindung des Arbeitgebers an Zeugnisbeurteilung**

Zeugnisse haben für den Arbeitnehmer auch die Bedeutung, dass sie für ihn Maßstab dafür sind, wie der Arbeitgeber seine Leistungen und Führung beurteilt. Daraus folgt, dass der Arbeitgeber sich mangels entgegenstehender Vorbehalte an der Beurteilung, die er dem Arbeitnehmer hat zukommen lassen, auch diesem gegenüber festhalten lassen muss.

*Urteil des BAG vom 8. Februar 1972 -- 1 AZR 189/71, EzA BGB § 611 Nr. 15 Arbeitnehmerhaftung (= EzA § 630 BGB Nr. 3)*

**Datum eines berichtigten Zeugnisses; Formvorschriften, Original und Kopie**

1. Zeugnisse müssen ein Ausstellungsdatum tragen.
2. Wird ein Zeugnis auf Wunsch des Arbeitnehmers, aufgrund eines gerichtlichen Vergleichs oder Urteils berichtigt, so muss das berichtigte Zeugnis das Datum des ursprünglichen Zeugnisses, dessen Berichtigung verlangt wird, erhalten.
3. Auch Kopien von Zeugnissen sind als Zeugnisurkunden - (Originale) - anzusehen, wenn die Kopie eine "Originalunterschrift" trägt.
4. Der Arbeitgeber kann zur Ergänzung eines Zeugnisses verurteilt werden, wenn nach Auffassung des Gerichtes für einen Dritten nicht erkennbar ist, dass es sich um eine - nachträglich eingefügte - Ergänzung handelt.
5. Sind nach Auffassung des Gerichts Ergänzungen nur auf die Weise durchzuführen, dass sie als solche erkennbar sind, ist der Arbeitgeber verpflichtet, ein "neues" Zeugnis zu erstellen und dem Arbeitnehmer zu übersenden.

*Urteil des LAG Bremen vom 23. Juni 1989 - 4 Sa 320/88, LAGE 630 BGB Nr. 6*

**Elternzeit**

Der Arbeitgeber darf in einem Zeugnis die Elternzeit eines Arbeitnehmers nur erwähnen, sofern sich die Ausfallzeit als eine wesentliche tatsächliche Unterbrechung der Beschäftigung darstellt. Das ist dann der Fall, wenn diese nach Lage und Dauer erheblich ist und wenn bei ihrer Nichterwähnung für Dritte der falsche Eindruck entstünde, die Beurteilung des Arbeitnehmers beruhe auf einer der Dauer des rechtlichen Bestands des Arbeitsverhältnisses entsprechenden tatsächlichen Arbeitsleistung.

*Urteil des BAG vom 10. Mai 2005 - 9 AZR 261/04, EzA § 109 GewO Nr. 3*

**Endzeugnis anstelle Zwischenzeugnis**

Ein fristgerecht entlassener Arbeitnehmer hat spätestens mit Ablauf der Kündigungsfrist oder bei seinem tatsächlichen Ausscheiden Anspruch auf ein Zeugnis über Führung und Leistung (§ 630 BGB) und nicht lediglich auf ein Zwischenzeugnis. Das gilt auch dann, wenn die Parteien in einem Kündigungsschutzprozeß über die Rechtmäßigkeit der Kündigung streiten.

*Urteil des BAG vom 27. Februar 1987 -- 5 AZR 710/85, EzA § 630 BGB Nr. 11*

**Formmangel bei Erteilung (1)**

1. Der Arbeitgeber erfüllt den Anspruch des Arbeitnehmers auf Erteilung eincs Arbeitszeugnisses auch mit einem Zeugnis, das er zweimal faltet, um den Zeugnisbogen in einen Geschäftsumschlag üblicher Größe unterzubringen, wenn das Originalzeugnis kopierfähig ist und die Knicke im Zeugnisbogen sich nicht auf den Kopien abzeichnen, z. B. durch Schwärzungen.
2. Schließt das Arbeitszeugnis mit dem in Maschinenschrift angegebenen Namen des Ausstellers und seiner Funktion, so muss das Zeugnis von diesem persönlich unterzeichnet werden.

*Urteil des BAG vom 21. September 1999 - 9 AZR 893/98, EzA § 630 BGB Nr. 22*

**Formmangel bei Erteilung (2)**

Werden im Geschäftszweig des Arbeitgebers für schriftliche Äußerungen üblicherweise Firmenbögen verwendet und verwendet auch der Arbeitgeber solches Geschäftspapier, so ist ein Zeugnis nur dann ordnungsmäßig, wenn es auf Firmenpapier geschrieben ist.

*Urteil des BAG vom 3. März 1993 -- 5 AZR 182/92, EzA 630 BGB Nr. 17*

**Grundsatzentscheidung zur Zeugniserteilung**

1. Nach § 630 BGB haben alle Arbeitnehmer einen unabdingbaren Anspruch auf Erteilung eines Zeugnisses. Für die Anspruchsberechtigung gilt der Arbeitnehmerbegriff, wie er durch Rechtsprechung und Rechtswissenschaft entwickelt worden ist. Danach sind Arbeitnehmer alle Angestellten und Arbeiter, aber auch die leitenden Angestellten, denn sie sind - anders als nach der Betriebsverfassung (§ 5 Abs. 3 BetrVG) - im Zeugnisrecht nicht ausgenommen. Auch Arbeitnehmer, die als Rentner aus dem Erwerbsleben ausscheiden, haben einen Anspruch darauf, dass ihr Arbeitsverhältnis mit der Erteilung eines qualifizierten Zeugnisses ordnungsgemäß abgeschlossen wird. Das Rechtsschutzbedürfnis für eine Zeugnisklage kann jedenfalls dann nicht verneint werden, wenn der Arbeitgeber dem in den Ruhestand getretenen Arbeitnehmer ein fehlerhaftes Zeugnis erteilt hat.
2. Das Zeugnis über Führung und Leistung ist begrifflich ein Werturteil, das mithin subjektiv vom Standpunkt des Arbeitgebers aus abgegeben wird. Dies ist gerichtlich überprüfbar, und zwar einschließlich der daraus gezogenen Leistungsbewertung. Der Arbeitgeber ist zwar bei der Ausstellung des Zeugnisses grundsätzlich in seiner Ausdrucksweise frei, muss sich aber der in der Praxis allgemein angewandten Zeugnissprache bedienen und bei der Beurteilung des Arbeitnehmers den nach der Verkehrssitte üblichen Maßstab anlegen. Verwirft der Arbeitnehmer das erteilte Zeugnis, ist er also mit ihm überhaupt nicht oder überwiegend einverstanden, so ist alsdann der Streit der Parteien im Rahmen des Klageantrags über die gesamte Inhaltsfrage des Zeugnisses zu klären und festzulegen, welches Zeugnis mit welchem Wortlaut vom Arbeitgeber zu erteilen ist.
3. Leistungen eines Arbeitnehmers mit »sehr gut« zu bezeichnen, ist dann angebracht, wenn der Arbeitnehmer seine Arbeit ohne jede Beanstandung erbracht hat und darüber hinaus ihn besonders auszeichnende Umstände, z. B. schnellere Erledigung der Arbeit als üblich, Entwicklung neuer Ideen, vorliegen. Hat der Arbeitgeber dem Arbeitnehmer anlässlich seines zehnjährigen Arbeitsjubiläums seine bisherigen Leistungen und seine Treue mit einem Präsent belohnt und ihre Hoffnung zum Ausdruck gebracht hat, auch in den nächsten Jahren auf seine Mitarbeit rechnen zu dürfen, ist die erste Hälfte der beruflichen Tätigkeit des Arbeitnehmers bei dem Arbeitgeber mit »stets zu

unserer vollsten Zufriedenheit« zu bewerten gewesen. Hat der Arbeitgeber für die zweite Hälfte der beruflichen Tätigkeit des Arbeitnehmers in seinem Betrieb nichts Greifbares vorgetragen, was eine schlechtere Gesamtbeurteilung rechtfertigen könnte, muss es bei der genannten Bewertung verbleiben.

4. Mit »Führung« wird das allgemeine Verhalten, die Fähigkeit, mit anderen zusammenzuarbeiten, die Vertrauenswürdigkeit, Verantwortungsbereitschaft und die Beachtung betrieblicher Ordnung angesprochen. Mit »Führung« ist nicht etwa die sozialethische Führung des Arbeitnehmers zu verstehen, sondern dessen Sozialverhalten, seine Kooperations- und Kompromissbereitschaft, gegebenenfalls sein Führungsverhalten und -stil. Gemeint ist hier ein zusammenfassendes Urteil über die Eigenschaften und das gesamte dienstliche Verhalten des Arbeitnehmers, also um das betriebliche Zusammenwirken, nämlich sein Verhalten zu Vorgesetzten, gleichgeordneten Arbeitskollegen, nach geordneten Mitarbeitern, aber auch gegenüber Kunden. Es ist wichtig, dass alle Verhaltensrichtungen beurteilt werden, da Auslassungen - z. B. Nichterwähnung einer Gruppe - Rückschlüsse auf Verhaltens-, Anpassungs-, Kontakt- oder Führungsschwierigkeiten zulassen. In der Zeugnissprache spricht man von einem »beredtem Schweigen«.

5. Die Formulierung: »Sein Verhalten war ohne Tadel«, ist nicht gleichbedeutend mit dem vielleicht etwas außer Mode geratenen Ausdruck »tadellos«. Werden im übrigen nur Selbstverständlichkeiten erwähnt, kann man die Zeugnisformulierung als »ohne Lob und Tadel« verstehen und den Zeugnisinhaber als unauffälligen Mitarbeiter ansehen. Das Vorbringen des Arbeitgebers, der Arbeitnehmer habe sich gerade nicht gegenüber Vorgesetzten, Arbeitskollegen und Kunden einwandfrei benommen, so dass ihm nur bescheinigt werden könne, sein Verhalten sei »ohne Tadel« gewesen, ist unsubstantiiert und damit unbeachtlich. Verlangt der Arbeitnehmer mit seinem Antrag nur, dass seine Führung mit »stets einwandfrei« und damit mit der Note »vollbefriedigend« bewertet wird, dann ist in einem solchen Falle mangels überprüfbarer Angaben über das angeblich »nichteinwandfreie« Verhalten des Arbeitnehmers der Arbeitgeber antragsgemäß zu verurteilen.

6. Es ist vielfach üblich, als Abschluss eines Zeugnisses eine „Dankes-Bedauern-Formel“ mit Zukunftswünschen anzubringen. Der Dank für geleistete Arbeit und/oder Bedauern über das Ausscheiden (den Verlust) des Mitarbeiters, wird vereinzelt noch durch eine Würdigung bleibender Verdienste, eine ausdrückliche Einstellungsempfehlung,

ein Wiedereinstellungsversprechen oder die Bitte um Wiederbewerbung nach Abschluß der Weiterbildung ergänzt. Wird eine Schlußformel verwendet, muss sie mit der Leistungs- und Führungsbewertung des Arbeitnehmers übereinstimmen, denn (zuvor) unterlassene negative Werturteile dürfen nicht versteckt mit einer knappen, »lieblosen« Schlußformel nachgeholt werden.

*Urteil des LAG Hamm vom 12. Juli 1994 - 4 Sa 192/94, LAGE § 630 BGB Nr. 27*

**Holschuld**

1. Grundsätzlich muss der Arbeitnehmer seine Arbeitspapiere, zu denen auch das Arbeitszeugnis gehört, bei dem Arbeitgeber abholen.
2. Nach § 242 BGB kann der Arbeitgeber im Einzelfall gehalten sein, dem Arbeitnehmer das Arbeitszeugnis nachzuschicken.

*Urteil des BAG vom 8. März 1995 - 5 AZR 848/93, EzA § 630 BGB Nr. 19*

**Insolvenzverwalter (1)**

1. Wird ein Arbeitsverhältnis vor Insolvenzeröffnung beendet, bleibt der Arbeitgeber grundsätzlich Schuldner des Anspruchs auf Erteilung eines Arbeitszeugnisses.
2. Diese Verpflichtung trifft nicht einen vorläufigen Insolvenzverwalter, auf den die Verwaltungs- und Verfügungsbefugnis weder gem. § 22 Abs. 1 InsO noch auf Grund einer Einzelermächtigung gem. § 22 Abs. 2 InsO in Bezug auf die Arbeitsverhältnisse übergegangen ist.
3. Erlangt ein vorläufiger Insolvenzverwalter in vollem Umfang die Verfügungsbefugnis über die Arbeitsverhältnisse oder wird das Arbeitsverhältnis erst nach der Insolvenzeröffnung beendet, schuldet der Insolvenzverwalter das Arbeitszeugnis, unabhängig davon, ob und wie lange er den Arbeitnehmer beschäftigt hat oder eigene Kenntnisse über dessen Arbeitsleistung gewinnen konnte. Zur Erfüllung dieser Verpflichtung hat der Insolvenzverwalter einen Auskunftsanspruch nach § 97 InsO gegenüber dem Schuldner.

*Urteil des BAG vom 23. Juni 2004 - 10 AZR 495/03, EzA § 109 GewO Nr. 2*

**Insolvenzverwalter (2)**

Ein Arbeitnehmer kann auch für die Zeit vor Konkurseröffnung ein Zeugnis über Führung und Leistung vom Konkursverwalter verlangen, wenn dieser den Betrieb nach Konkurseröffnung weiterführt.

*Urteil des BAG vom 30. Januar 1991 -- 5 AZR 32/90, EzA § 630 BGB Nr. 13*

**Klageantrag bei Antrag auf Erteilung eines qualifizierten Zeugnisses**

Verlangt ein Arbeitnehmer nicht nur ein einfaches oder qualifiziertes Zeugnis, sondern außerdem auch einen bestimmten Zeugnisinhalt, so hat er im Klageantrag außerdem genau zu bezeichnen, was in welcher Form das Zeugnis enthalten soll.

*Urteil des BAG vom 14. 03. 2000 – 9 AZR 246/99, FA 2000, 286*

**Leistungsbewertung, Formulierung „ehrlich und pünktlich“**

1. Die Formulierung im Arbeitszeugnis, der Arbeitnehmer sei “ehrlich und pünktlich”, entwertet die durchschnittliche Leistungsbeurteilung “zu unserer vollen Zufriedenheit”. Denn durch die Hervorhebung der an (sich selbstverständlichen Pünktlichkeit (= zeitliche Zuverlässigkeit) und dem Weglassen des wichtigen Beurteilungskriteriums “Zuverlässigkeit” wird dem Arbeitnehmer “zwischen den Zeilen” bescheinigt, dass er im Übrigen nicht zuverlässig ist.
2. Legt der Arbeitgeber daher im Zeugnisrechtsstreit die Unzuverlässigkeit des Arbeitnehmers nicht dar oder kann er sie nicht beweisen, kann der Arbeitnehmer die Entfernung des Merkmals Pünktlichkeit aus dem Zeugnis verlangen.

*Urteil des ArbG Nürnberg vom 2. Mai 2001 - 15 Ca 8860/00, LAGE BGB § 630 Nr. 36*

**Leistungsbewertung „ausreichend“**

Eine Zeugnisformulierung, die “zufriedenstellende Leistungen” attestiert oder eine Aufgabenerfülung “zu unserer Zufriedenheit” bescheinigt, bringt zum Ausdruck, dass die Leistungen nicht zufriedenstellend, sondern unterdurchschnittlich, aber noch ausreichend waren.

*Urteil des LAG Hamm vom 19. Oktober 1990 - 18 (12) 160/90, LAGE BGB § 630 Nr. 12*

**Leistungsbewertung „befriedigend"; Zwischenzeugnis und Betriebsübergang; Beweislast**

1. Das LAG Bremen folgt der herrschenden Meinung, wonach die Formulierung »Er hat die ihm übertragenen Aufgaben zu unserer vollen Zufriedenheit erledigt« die Bescheinigung »befriedigender« Leistungen bedeutet.
2. Die Bewertung »stets zu unserer vollen Zufriedenheit« bedeutet »gute Leistungen«. Der Auffassung von Schaub (Arbeitsrechtshandbuch 9. Aufl. § 146 Rn. 14), der Ausdruck der »vollen Zufriedenheit« beinhalte »gute« Leistungen wird nicht gefolgt.
3. Der Arbeitgeber trägt die Beweislast für die Bescheinigung unterdurchschnittlicher, der Arbeitnehmer die für überdurchschnittliche Leistungen.
4. Die »Zusage« des Arbeitgebers aus Anlaß der vergleichsweisen Beendigung des Arbeitsverhältnisses, man werde dem Arbeitnehmer ein »wohlwollendes« Zeugnis erteilen, bedeutet nicht, dass der Arbeitnehmer einen Anspruch darauf hat, dass ihm »gute« Leistungen bescheinigt werden.
5. Akzeptiert ein Arbeitnehmer nach einem Betriebsübergang in einem Zwischenzeugnis des Betriebsveräußerers die Formulierung »zu unserer vollen Zufriedenheit«, mithin die Bescheinigung »befriedigender« Leistungen, und verlangt er eineinhalb Jahre nach dem Betriebsübergang bei Beendigung des Arbeitsverhältnisses mit dem Betriebserwerber ein Zeugnis mit der Leistungsbewertung »stets zu unserer vollen Zufriedenheit«, also »gute« Leistungen, so muss der Arbeitnehmer im einzelnen darlegen, in welchen Bereichen und auf welche Weise sich seine Leistungen gegenüber den im Zwischenzeugnis bescheinigten verbessert haben.

Eine erneute – bessere – Bewertung der Leistungen beim Betriebsveräußerer kann vom Betriebsübernehmer nicht verlangt werden.

*Urteil des LAG Bremen vom 09. 11. 2000 – 4 Sa 101/00 – (rechtskräftig), FA 6/2001, S. 187*

**Leistungsbewertung, Anspruch auf durchschnittliche...**

Die Zeugnisformulierung "zu unserer Zufriedenheit" bezeichnet eine unterdurchschnittliche Leistung, die Formulierung "stets zu unserer Zufriedenheit" eine durchschnittliche. Der Arbeitnehmer hat im Zweifel Anspruch auf eine durchschnittliche Bewertung; ihn trifft die Darlegungs- und Beweislast, wenn er eine bessere Bewertung wünscht, den Arbeitgeber, wenn er nur zu einer schlechteren bereit ist.

*Urteil des LAG Köln vom 02. Juli 1999 - 11 Sa 255/99, LAGE BGB § 630 Nr. 35*

**Leitender Angestellter**

Nach § 630 BGB haben alle Arbeitnehmer einen unabdingbaren Anspruch auf Erteilung eines Zeugnisses. Für die Anspruchsberechtigung gilt der Arbeitnehmerbegriff, wie er durch Rechtsprechung und Rechtswissenschaft entwickelt worden ist. Danach sind Arbeitnehmer alle Angestellten und Arbeiter, aber auch die leitenden Angestellten, denn sie sind - anders als nach der Betriebsverfassung (§ 5 Abs. 3 BetrVG) - im Zeugnisrecht nicht ausgenommen.

*Urteil des LAG Hamm vom 12.07.1994 -4 Sa 192/94, LAGE BGB § 630 Nr. 27*

**Personalratstätigkeit**

Eine ehrenamtliche Tätigkeit nach dem Bundespersonalvertretungsgesetz darf im Regelfall in einer dienstlichen Regelbeurteilung nicht erwähnt werden.

*Urteil des BAG vom 19. August 1992 -- 7 AZR 262/91, EzA § 630 BGB Nr. 14*

**Schadensersatzanspruch wegen unrichtiger Zeugniserteilung, Beweislast**

1. Die Darlegungs- und Beweislast dafür, dass die Nichterteilung, die verspätete Erteilung oder die Erteilung eines unrichtigen Zeugnisses für einen Schaden des Arbeitnehmers ursächlich gewesen ist, liegt beim Arbeitnehmer.
2. Es gibt keinen Erfahrungssatz dahin, dass bei leitenden Angestellten das Fehlen des Zeugnisses die Ursache für den Mißerfolg von Bewerbungen um einen anderen Arbeitsplatz gewesen sei.
3. Der Arbeitnehmer muss in einem solchen Fall darlegen und im Streitfall beweisen, dass ein bestimmter Arbeitgeber bereit gewesen sei, ihn einzustellen, sich dann aber wegen des fehlenden Zeugnisses davon habe abhalten lassen. Die Erleichterung des § 287 ZPO kann sich erst

bei der Würdigung des Parteivortrags und etwaiger Beweise auswirken.

*Urteil des BAG vom 25. Oktober 1967 - 3 AZR 456/66. EzA § 73 HGB Nr. 1*

**Schlussformulierung**

Der Arbeitgeber ist gesetzlich nicht verpflichtet, das Arbeitszeugnis mit Formulierungen abzuschließen, in denen er dem Arbeitnehmer für die gute Zusammenarbeit dankt und ihm für die Zukunft alles Gute wünscht.

*Urteil des BAG vom 20. Februar 2001 - 9 AZR 44/00, EzA § 630 BGB Nr. 23*

**Tätigkeitsbeschreibung**

Ein Zeugnis muss die Tätigkeiten, die ein Arbeitnehmer im Laufe des Arbeitsverhältnisses ausgeübt hat, so vollständig und genau beschreiben, dass sich künftige Arbeitgeber ein klares Bild machen können. Unerwähnt dürfen solche Tätigkeiten bleiben, denen bei einer Bewerbung des Arbeitnehmers keine Bedeutung zukommt.

*Urteil des BAG vom 12. August 1976 -- 3 AZR 720/75, EzA BGB § 847 Nr. 5 (= EzA § 630 BGB Nr. 7)*

**Verfallklausel im Arbeitsvertrag**

Verfallklauseln für abdingbare Ansprüche aus dem Arbeitsverhältnis können auch in einem Einzelarbeitsvertrag wirksam vereinbart werden. Sie unterliegen dann einer Inhaltskontrolle nach § 138 BGB.

*Urteil des BAG vom 24. März 1988 -- 2 AZR 630/87, EzA § 4 TVG Ausschlussfrist Nr. 72*

**Verwirkung des Zeugnisanspruchs**

Der Anspruch auf Erteilung eines qualifizierten Zeugnisses unterliegt, wie jeder schuldrechtliche Anspruch, der Verwirkung.

*Urteil des BAG vom 17. Februar 1988 -- 5 AZR 638/86, EzA § 630 BGB Nr. 12*

**Verzicht auf Zeugnisanspruch**

1. Es bleibt offen, ob ein anläßlich oder nach der Beendigung des Arbeitsverhältnisses erklärter Verzicht des Arbeitnehmers auf ein qualifiziertes Zeugnis rechtswirksam ist.
2. Jedenfalls können allgemein gehaltene Ausgleichsklauseln -- etwa in Vergleichen, die einen Kündigungsprozeß beenden -- nicht ohne weiteres dahin ausgelegt werden, dass sie auch einen Verzicht auf ein qualifiziertes Zeugnis enthalten.

*Urteil des BAG vom 16. September 1974 -- 5 AZR 255/74, EzA § 630 BGB Nr. 5*

**Zeugnisberichtigung**

Ein Arbeitgeber, der auf das berechtigte Verlangen des Arbeitnehmers nach einer Berichtigung des Zeugnisses dem Arbeitnehmer ein "neues" Zeugnis zu erteilen hat, ist an seine bisherige Verhaltensbeurteilung gebunden, soweit keine neuen Umstände eine schlechtere Beurteilung rechtfertigen.

*Urteil des BAG vom 21. Juni 2005 - 9 AZR 352/04, EzA § 109 GewO Nr. 4*

**Zeugnisberichtigung bei „Schlechterfüllung"; Darlegungs- und Beweislast**

1. Enthält das Zeugnis Unrichtigkeiten oder nimmt es zwar zu allen Punkten Stellung, ist aber in Teilen nicht so umfassend, wie es § 73 HGB vorsieht, oder verstößt es gegen andere Grundsätze der Zeugniserteilung, kann nicht mehr von fehlender Erfüllung, sondern nur von Schlechterfüllung gesprochen werden. Zur Beseitigung von Mängeln des Zeugnisses steht der Erfüllungsanspruch nicht (mehr) zur Verfügung. Anspruchsgrundlage für die Zeugnisberichtigung ist nicht § 73 HGB, sondern die allgemeine Fürsorgepflicht.
2. Will der Arbeitgeber einem Arbeitnehmer, der insgesamt nur sechs Monate bei ihm beschäftigt gewesen ist, im Zeugnis lediglich durchschnittliche Leistungen bescheinigen, so genügt es seiner Darlegungspflicht, wenn er sich darauf beruft, dass er dem Arbeitnehmer gekündigt hat. Will er ihm dagegen nur unterdurchschnittliche Leistungen bescheinigen, so muss er darlegen und ggf. beweisen, dass der Arbeitnehmer Fehler gemacht hat und wegen dieser ermahnt oder abgemahnt worden ist. Will andererseits der Arbeitnehmer eine Leistungsbewertung im Zeugnis mit der Note "gut" haben, muss er darlegen

und ggf. nachweisen, welche seiner Leistungen diese Anerkennung verdienen.

*Urteil des LAG Hamm vom 13. Februar 1992 - 4 Sa 1077/91, LAGE BGB § 630 Nr. 16*

**Zeugnisberichtigung, Beweislast**

Hat der Arbeitgeber dem Arbeitnehmer im Zeugnis eine gut durchschnittliche Gesamtleistung bescheinigt, hat der Arbeitnehmer die Tatsachen vorzutragen und zu beweisen, die eine bessere Schlussbeurteilung rechtfertigen sollen.

*Urteil des BAG vom 14. Oktober 2003 - 9 AZR 12/03, EzA § 109 GewO Nr. 1*

**Zeugnisberichtigung, Verwirkung**

1. Der Zeugnisberichtigungsanspruch unterliegt grundsätzlich der Verwirkung. Ein Untätigkeitszeitraum von 15 Monaten reicht aus, um das Zeitmoment zu erfüllen.
2. Hat der Arbeitgeber in unmittelbarer zeitlicher Nähe zu einem gerichtlichen Vergleich ein qualifiziertes Zeugnis erteilt, darf er davon ausgehen, dass der Arbeitnehmer alsbald Einwendungen erheben wird, wenn er mit dem Inhalt des erteilten Zeugnisses nicht einverständlichen ist. Wartet der Arbeitnehmer dann über einen Zeitraum von mehr als einem Jahr ab, kann der Arbeitgeber berechtigterweise darauf vertrauen, dass eine Abänderung des Wortlauts nicht mehr begehrt wird. (Leitsätze der Redaktion)

*LAG Hamm, Urteil vom 3. 7. 2002 - 3 Sa 248/02, NZA-RR 2003, 73*

1. Der Zeugnisberichtigungsanspruch unterliegt grundsätzlich der Verwirkung, wobei für ein Zwischenzeugnis dieselben Grundsätze wie für ein Schlusszeugnis gelten.
2. Ein Untätigkeitszeitraum von zwölf Monaten reicht grundsätzlich aus, um das Zeitmoment zu erfüllen.
3. Hat ein Arbeitnehmer sein Berichtigungsbegehren zunächst unter Fristsetzung mit Klageandrohung geltend gemacht und dann in der Folgezeit trotz definitiver Ablehnung durch den Arbeitgeber sein Berichtigungsbegehren ohne ausdrückliche Zurückstellung nicht weiterverfolgt, gleichzeitig aber mit dem Arbeitgeber einen intensiven Schriftwechsel und mehrere Gespräche über die von ihm auszuübende

Tätigkeit geführt, ist auch das erforderliche Umstandsmoment gegeben.

*LAG Köln, Urteil vom 8. 2. 2000 - 13 Sa 1050/99, NZA-RR 2001, 130*

**Zeugnisformulierung, wohlwollende**

Der Arbeitgeber darf grundsätzlich nicht den Arbeitsvertragsbruch des Arbeitnehmers im Zeugnis ausdrücklich erwähnen.

*Urteil des LAG Köln vom 8. November 1989 - 5 Sa 799/89, LAGE BGB § 630 Nr. 8*

Die Aufnahme des Beendigungsgrundes "fristlose arbeitgeberseitige Kündigung" in ein qualifiziertes Zeugnis ist unzulässig, wenn das Datum der Beendigung im Zeugnis enthalten ist.

*Urteil des LAG Düsseldorf vom 22. Januar 1988 - 2 Sa 1654/87, LAGE BGB § 630 Nr. 4*

1. Ist das Arbeitsverhältnis auf den Auflösungsantrag des Arbeitnehmers gemäß §§ 9, 10 KSchG durch Urteil aufgelöst worden, dann kann der Arbeitnehmer beanspruchen, dass der Beendigungsgrund mit der Formulierung erwähnt wird, das Arbeitsverhältnis sei "auf seinen Wunsch beendet" worden.
2. Das vom Arbeitgeber geschuldete Wohlwollen und die Rechtskraftbindung an die festgestellte Sozialwidrigkeit der Kündigung machen es erforderlich, die (unwirksame) Kündigung und den Kündigungsschutzprozeß ansonsten unerwähnt zu lassen und - ebenso wie bei einem "echten" beiderseitigen Einvernehmen - nachteilige Rückschlüsse des Zeugnislesers durch eine wohlwollende Schlußformel zu vermeiden (z. B.: "Wir wünschen ... für den weiteren Berufs- und Lebensweg alles Gute.").

*Urteil des LAG Köln vom 29. November 1990 - 10 Sa 801/90, LAGE § 630 BGB Nr. 11*

**Zwangsvollstreckung, Anspruch auf Zeugniserteilung**

Voraussetzung für die Zwangsvollstreckung aus einem gerichtlichen Vergleich ist auch, dass sich die zu vollstreckende Handlung allein aus dem protokollierten Inhalt des Vergleichs ergibt. Aus diesem Grunde kann aus einem gerichtlichen Vergleich, in dem sich ein Arbeitgeber zur Erteilung eines Arbeitszeugnisses "auf der Basis" eines Zwischenzeugnisses verpflichtet hat, die Zwangsvollstreckung bezüglich eines bestimmten Zeugnisinhalts schon dann nicht betrieben werden, wenn der Inhalt des Zwischenzeugnisses weder im Vergleichstext wiedergegeben noch der Text des Zwischenzeugnisses nach § 160 Abs. 5 ZPO dem Protokoll beigefügt ist.

*Beschluss des Hessischen LAG vom 17. Mai 2003 - 16 Ta 82/03, LAGE ZPO 2002 § 888 Nr. 1*

**Zwischenzeugnis (1)**

Das Ausscheiden eines Vorgesetzten, dem der Angestellte über mehrere Jahre unmittelbar fachlich unterstellt war, ist ein triftiger Grund für die Erteilung eines Zwischenzeugnisses im Sinne des § 61 Abs. 2 BAT-KF.

*Urteil des BAG vom 1. Oktober 1998 - 6 AZR 176/97, EzA § 630 BGB Nr. 21*

**Zwischenzeugnis (2)**

Ein triftiger Grund für die Erteilung eines Zwischenzeugnisses im Sinne des § 61 Abs. 2 BAT liegt nicht vor, wenn der Angestellte das Zeugnis allein deshalb verlangt, weil er es in einem Rechtsstreit, in dem er seine Höhergruppierung anstrebt, als Beweismittel verwenden will.

*Urteil des BAG vom 21. Januar 1993 -- 6 AZR 171/92, EzA § 630 BGB Nr. 18*

**Zwischenzeugnis, Wahlrecht während Kündigungsschutzprozess**

1. Der Arbeitnehmer hat nach der Kündigung des Arbeitsverhältnisses während des Laufs des Kündigungsschutzprozesses ein Wahlrecht, ob er ein Endzeugnis oder ein Zwischenzeugnis verlangt.
2. Hat der Arbeitnehmer auf sein Verlangen ein Endzeugnis erhalten, kann er nicht zusätzlich noch ein Zwischenzeugnis beanspruchen. Denn das Zwischenzeugnis ist dem Endzeugnis gegenüber subsidiär, so dass es an dem erforderlichen triftigen Grund fehlt.

*LAG Hamm 13.02.2007, 19 Sa 1589/06, NZA-RR 2007, 486*

**Pulte**

## Das deutsche Arbeitsrecht

**Kompaktwissen für die Praxis**

In erster Linie will das Arbeitsrecht die Rechtsbeziehungen zwischen Arbeitgeber und Arbeitnehmer - den Parteien des Arbeitsrechts - und deren Organisationen und Interessenvertretern regeln. Darüber hinaus dient es dem besonderen Schutz aller in abhängiger Tätigkeit stehender Personen. Im Vordergrund des Arbeitslebens steht der Mensch mit seiner persönlichen Arbeitsleistung.

Der Titel vermittelt kompakt und übersichtlich die vielseitigen Facetten des Arbeitsrechts. Von der Einstellung über die Durchführung bis zur Beendigung des Arbeitsverhältnisses werden alle Aspekte dargestellt, die in einem Arbeitsleben auftreten können. Aber auch die kollektivrechtliche Seite Betriebsverfassung, Tarifordnung, Streikrecht, das Arbeitsschutzrecht und das arbeitsgerichtliche Verfahren sind in die Darstellung aufgenommen worden.

Das Buch aus der Reihe „Kompaktwissen für die Praxis“ bietet sich somit sowohl zum Studium als auch für die praktische Orientierung als ein bedeutsames Hilfsmittel an.

ISBN 978-3-941388-00-0 Preis der Printausgabe: 19,80 €

**Bontrup, Hansen**

## Personalmanagement

**Kompaktwissen für die Praxis**

Das Buch Personalmanagement ist eine Aufsatzsammlung von prominenten WissenschaftlerInnen und PraktikerInnen.

Neben Fragen der Personalplanung und des Personal- controllings werden das Problemfeld der Führung im Unternehmen sowie die Theorie und Praxis aktueller Manage- mentkonzepte zur Modernisierung der Arbeitsorganisation angesprochen. Weitere Aufsätze beschäftigen sich mit einem internationalen Vergleich der Arbeitszeitorganisation im Betrieb und mit der theoretischen Analyse des Arbeitsentgeltes in Form eines volks- und betriebswirtschaftlichen Diskurses.

Den Abschluss des Buches bildet ein Beitrag zur Unternehmenskultur, Partizipation und Mitbestimmung.

Die vorgelegte Aufsatzsammlung eignet sich sowohl für Studierende der Wirtschaftswissenschaft mit den Schwer- punkten Arbeitsökonomie und Personalbetriebswirtschafts- lehre als auch für Praktiker im Bereich des Personal- management sowie für unternehmerische und betriebliche Mitbestimmungsträger.

ISBN 978-3-941388-17-8 Preis der Printausgabe: 19,80 €

www.vprm.de

Korenke

## Das deutsche Sozialversicherungsrecht Kompaktwissen für die Praxis

Das deutsche Sozialversicherungsrecht umfasst die fünf verschiedenen, im Sozial- gesetzbuch kodifizierten Zweige der Sozialversicherung. Das sind die Arbeits- losenversicherung, die gesetzliche Kranken-, Renten- und Unfallversicherung sowie die soziale Pflegeversicherung. Das Sozial- versicherungsrecht dient ebenso wie das Arbeitsrecht in erster Linie dem Schutz der abhängig Beschäftigten. Allerdings sind die Rechtsbeziehungen zwischen den Trägern der Sozialversicherung (Bundesagentur für Arbeit, Kranken- und Pflegekassen, Berufsgenossenschaften, Rentenversicherung etc.) öffentlich-rechtlicher Natur.

Der vorliegende Titel gibt einen praxisorientierten Überblick über die wichtigsten Begriffe und Institute der Sozialversicherung. Ausführlich behandelt werden vor allem die Ansprüche der Versicherten auf Arbeitslosen- und Krankengeld, auf Rente wegen ver- minderter Erwerbsfähigkeit, auf Verletztenrente nach einem Arbeitsunfall sowie auf Pflegegeld. Überdies werden in dem jeweiligen Kontext die Rechtsmittel des Widerspruchs und der Klage beim Sozialgericht dargestellt.

ISBN 978-3-941388-03-1 Preis der Printausgabe: 19,80 €

Pulte

## Beteiligungsrechte des Betriebsrates außerhalb der Betriebsverfassung

**Kompaktwissen für die Praxis**

Die betriebliche Mitbestimmung der Arbeitnehmer regelt das Betriebsverfassungsgesetz. Darin ist die Zusammenarbeit zwischen Arbeitgeber, Belegschaften, Betriebsrat, Gewerkschaften und Vereinigungen des Arbeitgebers festgelegt. Es beinhaltet die Regelungen von der Wahl des Betriebsrats als Interessenvertretung der Arbeitnehmer über seine Aufgaben bis zu seinen Rechten. Geregelt werden darin im Einzelnen Informations-, Anhörungs- und Mitwirkungsrechte des Betriebsrats.

Neben den Regelungen im Betriebsverfassungsgesetz sind in zahlreichen anderen Gesetzen, Verordnungen und Anordnungen Rechte und Pflichten des Betriebsrates geregelt bzw. dessen Einbeziehung vorgesehen.

In der Reihe „Kompaktwissen für die Praxis" wird eine neue Übersicht veröffentlicht, die nach Sachgebieten geordnet den wesentlichen Regelungsinhalt beinhaltet.

ISBN 978-3-941388-01-7 Preis der Printausgabe: 19,80 €